高齢者の在宅・施設介護における

性的トラブル対応法

鈴木俊夫・佐藤裕邦・荒木乳根子・遠藤英俊　著

黎明書房

はじめに

　高齢社会を迎えた今，介護する人の減少と高齢化によって，家族以外の人に介護を頼む機会が増加し，その結果さまざまな事象が生じている。
　なかでも，夫婦や子どもたちと生活している場に変化が生じたり，今まで暮らしてきたところから施設などへ移り住むようなことになると，「こころ寂しい思い」をされる人もふえてくるに違いない。
　そこで，本書では，介護される人の「こころ寂しい思い」から生じてくる，介護する人との性的トラブルについて，具体的な事例を述べるとともに，高齢者の性の問題について施設ケア，在宅ケアなどの観点から考察を加えた。
　本書をお読みになって，そこから介護される人の生きるよろこび，また，癒しを求める気持ちを汲み取り，今日からの介護に役立てていただければ幸いである。
　最後に，表立って問題にされたり，議論されることの少ないテーマを取り上げた本書が，この時期に刊行されたことを心よりよろこびたい。そして，お世話になった共著者の方々，及びお力添えいただいた多くの方々にこの場を借りて厚くお礼申し上げたい。
　なお，この厳しい出版事情の中，出版にご尽力された黎明書房には深く敬意を表したい。

　2015 年 3 月 1 日

　　　　　　　　　　　　　　　　　　　執筆者代表　鈴木俊夫

目　次

はじめに　1

第 1 章
高齢者の性，現場での苦悩と挑戦

1　施設での現状と取り組み　10

1　施設での高齢者の性の現状　10
2　介護職員の高齢者の性についての知識不足　12
3　夫婦同室と男女混合部屋　13
4　入居者同士の恋愛，結婚　13
5　男性職員への恋愛感情のゆくえ　15
6　グループホームでの試み　15
7　利用者から受けるセクシュアル・ハラスメント　16
8　リハビリ担当職員と男女の感情　17
9　性の話，お触り行動から化粧を始めることも　18
10　ケアプランで解決できないケア　18

目　次

2　在宅ケアで生じる性の問題と対応　20

Ⅰ　男性利用者と女性訪問介護員　21

1　どのような問題が生じているか　21
2　どのように対応しているか　22
　1）　訪問介護員の対応　22
　2）　相談―組織としての対応―　24
　3）　利用者の性的行動についての理解　24
3　今後に求められる取り組み　25
　1）　利用者の性的行動への視点―利用者の性的働きかけはセクハラか？―　25
　2）　どのように対応すべきか―利用者・訪問介護員の双方に望ましい対応とは？―　27
　　①　とっさの対応　27
　　②　具体的な対応　28
　　③　その後の対応　29
　3）　事業者・サービス提供責任者に求められる対応　30

Ⅱ　その他の問題　31

1　家族から訪問介護員への性的働きかけ　31
2　夫婦間の性に関わる問題　32

第2章

在宅ケアと施設の性的トラブルとその対応法

1 「2 性的トラブルの事例──その状況と対応」を読まれる前に　36

性的トラブルに対する当事者と施設の対応の留意点　36
主な性的トラブルの対応方法　37

2 性的トラブルの事例──その状況と対応　41

① 職員の体を触る　41

　＜在宅事例＞

　　事例1　入浴介助中に体を触られる　41
　　事例2　「陰部を見せてほしい」と言って体を触ってくる　42
　　事例3　陰部を触ってくる　43
　　事例4　女性の体を触りたい　44
　　事例5　通所リハの送迎時に体を触る　46
　　事例6　自分の性的な欲求をどうにかしてほしい　47
　　事例7　薬を陰部に塗ってほしい　48
　　事例8　触っていると「うきうきする」　50
　　事例9　体に触って性的な言葉を発する　51

目　次

　　事例10　陰部を触ってほしい　52
　　事例11　酔って暴力をふるったり，胸やお尻を触る　53
　　事例12　抱きつく　55
　　事例13　なかなか手を放してもらえない　56
　　事例14　性的な言葉をかけ，胸やお尻などを触る　57
　　事例15　「あなたの体はどうなっているの？」　58
　　事例16　若い女性介護職員の胸やお尻を触る　60
　＜施設事例＞
　　事例17　感情が高揚している時に胸を触ろうとする　61
　　事例18　感情が高揚すると非常火災報知器を押す　61
　　事例19　太ももに触る　63
　　事例20　お尻に触ったり，胸をつかんだりする　64
　　事例21　あいさつ代わりのお触り　66
　　事例22　キス好き　67
　　事例23　陰部に触る　68
　　事例24　通りすがりにお尻や股間(こかん)を触る　69
　　事例25　職員の股間(こかん)を触りたい　70

② 職員への言動　70
　＜在宅事例＞
　　事例26　「陰部を見せてほしい」などの言葉をかける　71
　　事例27　「抱っこをしてほしい」とせがむ　72
　　事例28　性的言動がエスカレートする　73

事例29　頻繁に性的な発言をする　75
事例30　入浴中に「陰部を洗ってくれ」と言う　78
事例31　「自慰行為を手伝ってほしい」　79
事例32　「ラブホテルへ行ってほしい」　80
事例33　「お尻を触らせてほしい」　81
事例34　体に触れることを求める　82
事例35　「泊まってほしい」　84

＜施設事例＞

事例36　「陰部がかゆい，掻いてくれ」と言う　85
事例37　「性行為をさせてほしい」　86
事例38　「どうして抱いてくれないの」　87

③　職員への特別な感情　88

＜在宅事例＞

事例39　相談員を「だんなさん」と呼ぶ　88
事例40　老いらくの恋を利用した職員　90
事例41　色恋沙汰も金しだい　91
事例42　女性職員へのラブレター攻撃　93

＜施設事例＞

事例43　メイクアップがトラブルの原因に　94
事例44　男性職員へのラブレター攻撃　95
事例45　恋心から自殺を図る　96
事例46　アルツハイマー型認知症の恋愛妄想のケース　98

目　次

④　**利用者間での問題**　99
　＜在宅事例＞
　　事例47　再婚者同士の認認(にんにん)介護　99
　＜施設事例＞
　　事例48　他利用者との関係　100
　　事例49　女性利用者の胸や陰部を触る　102
　　事例50　利用者同士の結婚　103
　　事例51　２人きりになりたがる利用者　104

⑤　**その他**　106
　＜在宅事例＞
　　事例52　嫁への興味が　106
　　事例53　花嫁募集中　107
　　事例54　利用者の家族が仕事中つきまとう　108
　　事例55　ホステスのいるクラブに同伴　109
　　事例56　セクハラされないのもセクハラ？　111
　　事例57　介護拒否する嫁に何が起きていたか　112
　＜施設事例＞
　　事例58　乳房を見せる　113

第3章
高齢者の性とセクシュアリティについて深める

1 **高齢者の性とセクシュアリティの現実** 116

    1 一般高齢者の性 116
       (1) 異性への関心・交際 116
       (2) 若い頃に比べて性的欲求は？ 117
       (3) 加齢による性機能の変化 118
       (4) 加齢による性生活の変化 120
       (5) 配偶者との性関係における男女差 121
       (6) 老年期の望ましい性生活に向けて 122
    2 要介護高齢者の性 124

2 **薬剤とセクシュアリティ** 127

    疾病と性的行動について 127
    薬剤と性機能障害について 128
    薬剤と性的行動について 129
    おわりに 129

第 1 章

高齢者の性，現場での苦悩と挑戦

1　施設での現状と取り組み

1　施設での高齢者の性の現状

　被害者は圧倒的に女性職員である。その場合の加害者は男性利用者である。その被害の内容は，胸やお尻を触られる被害が圧倒的に多く，女性職員はその利用者の介護が憂鬱になる。憂鬱になるだけでなく介護を早く終わろうとするためにサービスがおろそかになることも見受けられる。

　介護現場で働く女性職員は，離職率が高いため，経験 5 年未満という職員が多く，また平均年齢が 30 歳代前半と若いので体に触られた時の対応方法を持ち合わせていないことが多い。対応方法は，「体に触られて覚える」などは今の時代においては論外である。年配の保健師からは，とにかく介護していると胸やらお尻やらを触ってくるので，「こっちもどうぞ」と触られたのとは反対の胸を相手に向けたら，その男性利用者は触る意欲をなくしたという話も聞く。そのようなスキルは，どうすれば身につくのだろうか。

　ベテランの看護師は男性の利用者から性行為を迫られると，「後でゆっくりお相手するから，これからお風呂に入ってしっかりきれいにしておいてね」と言うそうである。それは，入浴を拒否する利用者に対して，男性も女性も関係なく，介護技術として使えることである。そう言われた利用者は，お風呂にゆっくり入って気持ちよくなった時には，自分が性行為の誘いをして職員に「お風呂に入ってきれいにしておいてね」などと言われたことは忘れているのである。この方法が永遠に有効かはわからないが，ある期間はうまく切り抜けられるだろう。「介護職員はある意味役者であれ」と認知症ケアでよく言われているが，そのことが有効にできるロールプレイの場面でもあると言えよう。

男性の利用者の性的な言動や行動は，非常に露骨で相手（女性職員）の感情などは全く考えないものが多い。例えば，脳卒中で拘縮した麻痺側の手指を開いて清潔にしようとする時，冗談に「この指が伸びれば，陰部を触ることができる」などといったことをよく言う。

さらに入浴介助では，若い女性職員の介助をリクエストすることもしばしばあり，年配の女性職員の入浴介助であると会話の弾まないこともあると聞く。入浴介助では，健側の上肢が動かせる方には「体の前の方はご自身でおやりください」とタオルを渡すと「全部，洗ってほしい」と洗身，特に陰部洗浄を依頼される場合も多いようだ。当然，介助した職員は「自分自身ができるにもかかわらず，自立支援に反する介助行為である洗身を全てやってしまった。性的な欲求に応えてしまった」という何とも言えない敗北感を味わうようだ。

排泄ケアでは，60歳代の男性のポータブルトイレの便座に精液がついているのを若い女性介護職員は気持ち悪がる。陰部の清拭をしている際にも男性利用者からマスターベーションを手伝ってほしいとお願いされることもあるようだ。

介護保険施設において1人になれる時間や空間，邪魔が入らないプライバシーが十分保たれる時間や空間の確保はとても大事だと考えている。60歳代でも健康な男女は，「月に1回以上の性行為を行っている」という調査（大工原秀子著『老年期の性』ミネルヴァ書房）結果からも，安心して，夫婦が性行為ができたり，本人1人でマスターベーションができる時間と空間を確保してあげることは非常に重要だと感じている。

窯業を自営でやっている会社の社長である60歳代男性利用者は，ワンマンで，荒々しい性格で，女性を蔑視しているように感じる言動をよくする。脳卒中左片麻痺で要介護度は4で，体が大きいため2人がかりの介助を必要とすることもある。言語障害，認知症などは見られず，意思表示などは十分できる。奥さんは最近，商工会の女性部長に就任し

たらしく，本人はそのことをあまり歓迎していない。奥さんが会議などで外に出ていくことに嫉妬している様子がうかがえた。奥さんの外見は，窯業という地味な仕事とは反対に派手である。

奥さんは週に1回程度面会に来るが，面会時間は30分程度である。本人は，時々「頭がカーッと熱くなると火災報知器を押したくなる」そうで，そのたびに火災報知器を鳴らす。いくら注意しても「わかりました。私はバカなので許してください」と言ってはぐらかす。どうアセスメントしたらよいかわからないが，筆者は奥さんの淡泊な面会の仕方に問題があるように感じた。そこで，筆者は介護担当者に面会の時間を長くして夫婦のスキンシップを十分にできるように促すよう指導した。夫婦でホテルに行ってもよいのだということも介護職員に伝えたが，さすがにそれは伝えられなかったようだ。しかし，この夫婦がもしホテルに行ったとしても，介添えしてもらってホテルに入るしかないだろうし，そんなことをしては田舎では笑いの種になるのが落ちである。

2　介護職員の高齢者の性についての知識不足

施設の介護職員は，療養している高齢者と初対面の時には，性欲や性行為などとは無縁の存在だろうと思って介護に当たる。だから，介護の中に性的なことが見えると顔をそむけ，汚いいやらしいことと捉えてしまうのである。そんな経験をすると「高齢者にも性欲がある」ことを頭で理解するようになるが，高齢者同士の性行為や自慰行為による射精後の汚染（精液など）を見ると嫌な気分になるようである。

ケア・アセスメントにおいても，性の切り口を持ったアセスメントツールは日本には存在しない。したがって，高齢者の性については「体を触る人」「エッチな人」「認知症だからしようがない」という程度で片付けられ，深いアセスメントはされない。相手の立場に立って考える態度も，性のことに関してはそのような訓練を受けていないし，介護職員自身の知識

や経験を当てはめようとすると，介護職員の過剰な自己開示をしなければならないので苦痛が伴うのである。また，高齢者の性についての教育もそれほど多くの時間が割かれていないため，必要な知識は皆無と言える。

介護職員は，高齢者の性が生活や人生にとって無縁な物ではないと記憶しておく必要がある。

3　夫婦同室と男女混合部屋

筆者の施設では，夫婦で入所を利用する時は，夫婦同室にすることを原則にしている。では何故夫婦を同室にするのだろうか。それは男女混合部屋を作った時のことを考えればわかる。

施設の利用者の女性と男性の割合は8：2で女性が多い。男性が4人の多床室を利用したいと希望しても元々男性部屋として使っている部屋が少ないため，ベッドの空きが無い時は断ってきた。しかし，女性の多床室は多いので，女性は断らなくてすむ。それは不公平だと考え，男女混合の部屋を作ることにした。

しかし，この男女混合部屋に対して家族からは「いくら寝たきりでも男女混合は馴染まない」などと拒否反応があった。寝たきりの男性利用者が夜な夜な女性利用者に夜這いをかけることは想像してはいないだろうが，価値観として許せないという抵抗にあった。また，介護職員にも，たとえ寝たきりの利用者だけであるとしても男女混合の多床室にすることに抵抗があった。この抵抗は何に対する抵抗なのだろうか。

現在は，その抵抗も薄れ，男女混合部屋は他人同士の男女が利用している。

4　入居者同士の恋愛，結婚

遠くに住む父親を心配して，娘が近くの施設に呼び寄せた。奥さんに先立たれてから本人（父親）は，朝から酒を飲むようになり，酒が切れない

生活になってしまい，足腰の筋力が低下して要介護状態になった。近所にもお願いをして，父親の一人暮らしを見守ってもらっていたが，ついに不安が募って，娘の近くの施設に入れることになったのである。施設に入ってからは自身で酒の量のコントロールができるようになり，それに伴って身体状況も改善し，杖歩行ではあったが独歩での移動もできるようになった。そんな矢先，退居するか否かという事件が起こった。

　この施設はケアハウスであり，施設職員が一般的な介護保険福祉施設のようにノックもせずに出入りできるものではなかったので，施設側は居室の中で急変が起こった時すぐに対応できるようにと，居室の中を精密なセンサーで監視できるようにしていた。そのセンサーは非常に精密で居室空間を細かく区分けして人の動きを感じ取り，例えば「苦しんでいる状態」「無呼吸停止で動かない状態」ということを知らせてくれるものである。

　ある日，その男性の部屋のナースコールが鳴った。通報内容は「激しく悶え苦しんでいる状態」であった。介護職員はすぐに駆けつけ，「〇〇さん，どうしましたかぁー！」と部屋に飛び込んだところ，男女が性行為の最中であった。センサーは性行為を「悶え苦しんでいる状態」と表現していたわけである。

　このことがあって，それまでは施設内で仲の良いペアだと見ていたが，深いお付き合いに進んでいたことを施設職員，家族が知った。その後も，この男女はお付き合いを続けたが，男性の娘が施設職員に「女性の入居者を私の父に近づけないでください」といった強い要求をするようになり，最終的に男性は施設を退居することになった。父親の交際を温かく見守ることは難しいことであったのだろう。頭では理解していても自分の肉親が色恋ごとに関わっているとなれば，誰でもきっと受け入れられないだろう。

　また，機械メーカーも居室の中での激しい動きは，「悶え苦しむ」と

しか考えつかなかったのだろうし，施設職員もお互いの部屋に遊びに行って話し込んでいるという程度の仲の良いペアだと思っていたに違いない。その2人にとって心外な出来事で，まさに高齢者の生活に性行動があるなど思ってもみない，若者の勝手な高齢者像から作り出された物によって起こった事故であり，全く失礼なことをしてしまったと思う。この事故後に施設が2人に対して謝罪したことは言うまでもない。この事故を境に施設職員は，居室の中の出来事への干渉，プライバシーの侵害行為について学習を重ねたと聞いている。

5　男性職員への恋愛感情のゆくえ

　女性の利用者が男性職員に言葉で性行為を迫ることがあるが，その誘いは若い男性職員でも何とかはぐらかすことができる。「あなたと肌をあわせて夜を過ごしたい」という思いは成就(じょうじゅ)することはない。男性職員であれば，どんな利用者にも添い寝程度はしてあげようと思えるようだが，女性職員は心理的抵抗が強い。

　筆者には，施設開設当初，帰宅願望の強い男性利用者のベッドの下に寝て（「添い寝」とは言えない距離）過ごし，その男性利用者が「風邪を引くといけないから，私は大丈夫だからゆっくり寝た方がよい」と言語障害で呂律(ろれつ)の回らない言葉で話し，その後精神的にも落ち着いて入所生活をしてくれた経験があるが，それと同じように，女性利用者の「今晩，私を抱いて」という言葉の意味の中にはこれと似た不安が混じっているように感じられる。

6　グループホームでの試み

　あまり広くないスペースに9名の入居者と3名の職員が生活している。これまでの生い立ちや最近の生活の様子などを聴取するが，1週間も一緒に暮らせばさまざまなことがわかってくる。排泄のパターンはもちろ

んのこと，何に興味を持っているのか，プライベートなことまで観察できる。

　女性利用者が多いため，グループホームの男性職員は，性の対象になることが多い。体を触られたり，ズボンの上から陰部を触られることは日常的であるが，大規模施設ではそのような行動が見られないのも不思議な点であった。グループホームでは性の表現を押し殺さず表現できるのかも知れないと考え，余暇の時間に意識的に性的表現が含まれている映画を見せた。性的な行動は変わらなかったが，生活全般が活発化した。

　このことから，男性の陰部にズボンの上から触るなどの行為は，単に性的欲求不満というだけではなく，砕けたスキンシップの方法であると捉える方がよいとわかった。

　スキンシップが形を変えると，女性入居者の夜の誘いになる。「朝まで抱いて」と夜にそっと来る女性入居者は，性行為を求めているというよりは，肌と肌を合わせて触れ合っていたいという思いを感じる。孤独な夜を乗り切るために，寂しい夜を何とかやり過ごすために，「明日の朝目が覚めなくても孤独でない，床の中であなたと一緒にいた」という安心を求めているような気がした。

　そんな思いを十分理解していないと，「なんて不潔」と思い，鳥肌が立つものである。筆者もそうだった。夜の孤独と不安，明日目が覚めるだろうかという不安をいつも感じながら生きている人にとって，人肌が恋しいのは当たり前の話である。このように理解ができれば，介護の範囲でしてあげられることがあるのではないだろうか。

7　利用者から受けるセクシュアル・ハラスメント

　圧倒的に若い女性介護職員がこのセクハラのターゲットになる。介護中に体を触られることが多く，ベッドと車いす間の移乗介助中に必要以上に体をくっつけてくる，不必要と思われるほど女性の胸やお尻にしが

みつくことなどがあり，女性職員からは「○○さんは，トランスファー（移乗）の介助の時に不要なくらい体を密着してくるから嫌だ」ということがミーティングで聞かれる。

　ある時，女子職員が体を触られそうになり，身をかわしたところ個人持ち込みの置き時計にお尻がぶつかって落として壊してしまった。この物品破損に対し弁償しなければならないか，弁償しなくてもよいかということを現場でしばらく議論した。結果，このような物品破損は初めてのケースであったので施設が弁償したが，本来職員がセクハラを受けそうになったわけであるから，時計を壊したことは不可抗力であったので弁償はしなくてもよいだろうということになり，次のケースからは弁償をしないことを申し合わせた。あわせてセクハラ行為を行う利用者に対して厳重注意をし，入所契約書にもセクハラ行為の禁止を盛り込み，利用者から職員が受けるセクハラから守られるようにした。

8　リハビリ担当職員と男女の感情

　若い異性が担当になるとリハビリにも力が入るもの。まして好みのタイプの療法士が担当すると，休まずリハビリに通ってくる。一見リハビリのテクニックが良くて麻痺した体の調子も良くなっているから，熱心なように見えるのだが，動機は至って簡単。その異性の療法士に触ってもらって痛い部分や不調な部位の話をして，すぐにそのことに対応してもらえるのであるからかなり気分も良いはず。こうして，担当の療法士は利用者にとって唯一自分のことをわかってくれる人になっていくのである。それを療法士は信頼関係と評価するが，利用者から見ればそのような感情の他に「好き」という男女の感情も含まれているようだ。

　訪問リハビリでは，男性利用者は訪問の時間前には，きれいに整髪し，身だしなみを整え，女性の療法士の訪問を待っているとよく聞くが，その反対はあまり耳にしない。女性利用者の場合，男性の療法士が他の女

性利用者へ施術することに対して嫉妬したり，担当を替えることを希望してきたりする。

また，男性利用者が，男性の療法士に（体重やバランスの支持が必要で）濃厚なボディタッチをされ，体調が悪くなったと訴えるケースもあった。

コミュニケーションやボディタッチなどを介して，愛されたい，認められたいという気持ちを満たそうとする高齢者は，その対象が誰でもよいわけではなく，若年者と同じように自分の好みのタイプをしっかり持っている。そこで，交流する時間の経過とともにボディタッチなどの非言語的なコミュニケーションの量が増え，より親密な関係になっていくことを望むため，それが若い介護者には受け入れがたい醜い高齢者の性として映るのであろう。

9　性の話，お触り行動から化粧を始めることも

介護職員は，日常会話での猥談の時間や冗談交じりのボディタッチが回数を重ねると，その利用者がだんだん図に乗ってエスカレートしていくように考えている。実はそんなことはなく，むしろ服の上から陰部付近を触ったり，胸やお尻を触ったりすることができる関係は，その利用者を元気に，活動量を増やす方へと導くことがある。

例えば，夜にベッドに誘う女性利用者が，日中に性的な会話を冗談の中でできるようになると，しばらくすると化粧をして身なりをきれいにするという行動に変わっていくことがある。

弱い性的な欲求であっても何らかの形で昇華されると，その高齢者の行動は，適応的な行動に変わっていくのだということを現場では経験するのである。

10　ケアプランで解決できないケア

施設介護現場で起こる性行動を私たちは，無視してよいのだろうかと

いつも考える。事実困ったこととして捉えているにもかかわらず，ケアプラン・アセスメントでは取り扱われない。また，アセスメントしようにも日本にあるアセスメントツールに性をアセスメントするものが存在しない。だからアセスメントの仕方もわからない。性行動を「何か満たされないことがあるのではないか」と捉えるのが関の山で，たぶん評価としては「認知症から引き起こされる問題行動だろう」とか「セクハラだ」「嫌がらせだ」「あの人欲求不満なんじゃないか」「今までの生き方に性的なエピソードが多いからね」「性欲は死ぬまであるって言うからね」と結局介護現場では掘り下げる対象ではないように取り扱われるのだ。

しかし，いったん自分の身に置き換えて考えてみると，性欲・性に関することをそんなに軽く，または一般論や嫌悪などの感情で捉えないでほしいという気持ちになる。ここに介護される高齢者の性への思いと介護者が思う介護される高齢者の性への思いに差ができることがよくわかる。

ケアは，対象者を生活や人生という観点から包括的（まるごと）に捉えるように言われている。性に関する事柄も含めて生活・人生であるので，その人をまるごと捉えて長期のケアをしようとするのであれば自ずとアセスメント項目の中に「性」の項目があっても不思議はない。むしろ自然ではなかろうか。長い人生を生きて，死を達観する時期にある方々であれば，性欲や性生活についてもケアに必要なことであれば率直に語ってくれるだろう。しかし，性に関することは家族に尋ねることは難しい。

早急に，高齢者の性の研究が行われ，介護の中で性も含めたアセスメントができるようになれば，いまよりはその高齢者を深く捉えられるようになるのではないだろうか。一般人においても性の情報は今後ふえる一方だと思うし，それを介護現場もタブー視し続けることはできないであろう。高齢者の「自立支援の核」となる視点として「高齢者の性」を見ていくことも重要と考える。

2　在宅ケアで生じる性の問題と対応

　在宅ケアに携わるのは多くは女性である。妻，娘，息子の配偶者，そして，在宅サービスに携わる訪問介護員や訪問看護師，保健師，ケアマネジャーなどである。その中で，特に高齢者の性に関わる問題としてクローズアップされることが多いのが，訪問介護員に対する男性利用者からの性的な働きかけである。

　第1章-1に述べられた施設で生じる性の問題については，他の職員に相談し，協力して対処する，他の職員に代わって対応してもらう，といったことが容易にできる。しかし，利用者自身の自宅に1人で訪問した訪問介護員は，その場では1人で判断し，対応しなくてはいけない。家族がいる場合もあるが，利用者と1対1の閉鎖空間という場合の方が多い。そのため，訪問介護員は施設以上に不安や恐怖感をもち，対応に戸惑うことになる。

　女性利用者から男性訪問介護員への性的働きかけは件数が少なく，問題視されることも少ないので，ここでは男性利用者から女性訪問介護員への性的働きかけについて述べたい。また，その他として，利用者の家族から女性訪問介護員への性的働きかけ，夫婦間の性に関わる問題にも言及したい。

　なお，男性利用者から女性訪問介護員への性的働きかけについては，主として筆者らが2008年に実施した「高齢者の性に関わる調査」[1]の結果に基づいて述べる。川崎市，横浜市の訪問介護事業所にアンケート調査を依頼し，所属している女性訪問介護員435人から有効回答を得たもので，訪問介護員が体験した高齢者250事例について分析した。

I 男性利用者と女性訪問介護員

1 どのような問題が生じているか

　筆者らの調査では利用者である男性高齢者から性的働きかけを受けた女性訪問介護員は，435名中199名（45.7％）いた。ただ，調査方法から，経験者の回答率が高かった可能性があるので，他の調査結果も勘案すると発生率は3割程度ではないかと考えている。ともあれ，多くの訪問介護員が，経験する問題だと言える。

　では，具体的にどのような性的働きかけを受けたのだろうか。250事例の内容（複数回答）は図1-1のとおりである。「性的からかいの言葉」「自分の性体験を話す」など言葉によるものが最多だが，「必要以上に体を接触」という控えめなタッチが3割，「わざと胸など触った」「抱きつかれた」という積極的なタッチも各2割強ある。また，1割強は性交渉を求められている。

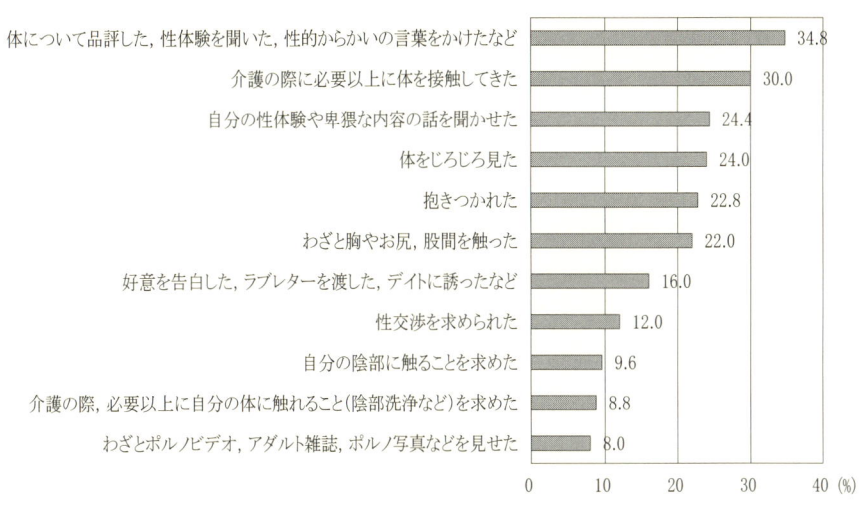

図1-1　性的働きかけの内容（複数回答）

これらの性的な行動に対し，訪問介護員が抱いた感情（複数回答）は図 1-2 のとおりである。もっとも多いのは「男だな，という思い」である。ある訪問介護員は「要介護の高齢者が性的な感情をもち，性的な行動に及ぶとは考えもしなかった」と述懐していたが，「老いたら性は枯れる」という認識が覆され，目前の高齢者を改めて男として意識した，ということもあるだろう。次いで，「どんな風に反応したらよいのか」という戸惑いである。しかし，「嫌悪感などの拒否的な感情」は 2.5 割や「恐怖感」も 2 割弱が抱いており，訪問介護員にとっては見過ごせない問題であることに留意する必要がある。

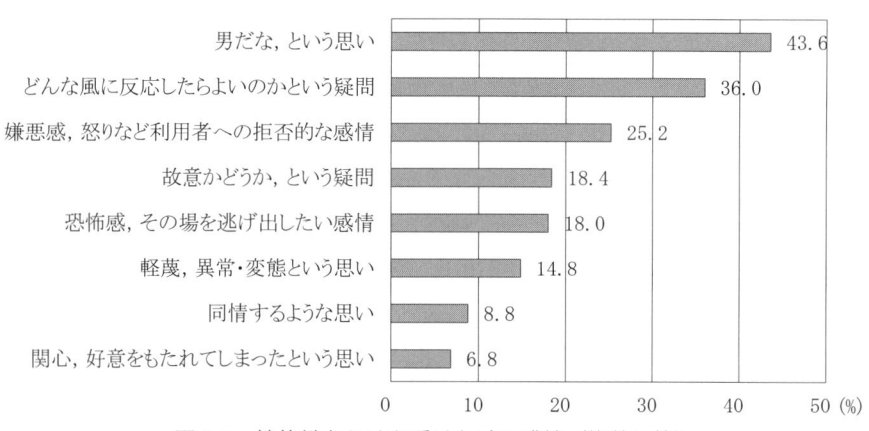

図 1-2　性的働きかけを受けた時の感情（複数回答）

2　どのように対応しているか

1）訪問介護員の対応

　前述のような性的な働きかけに対して訪問介護員はどう対応したのだろうか。図 1-3 は「とっさの対応」（複数回答）である。「明るく冗談，ユーモアで応えた」「さりげなく流した」が 5 割程度で抜きん出て多い。次いで「違う話，事柄に変えた」「はぐらかした」が続いている。訪問介護員自身の感情はどうであれ，対応としては利用者に強い拒否を示さ

第1章　高齢者の性，現場での苦悩と挑戦

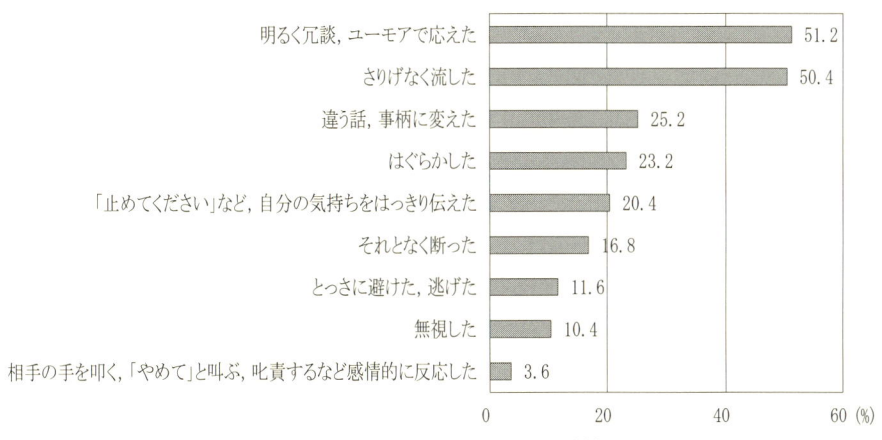

図1-3　とっさの対応（複数回答）

ない配慮が感じられる。なお，「自分の気持ちをはっきり伝えた」のは2割で，約1割は「とっさに避けた，逃げた」「無視した」としている。

その後の対応でも，「さりげなく流す」「明るく冗談，ユーモアで応じる」が4割前後と多いが，3割近くが「隙(すき)を見せないようにした」「触られないよう介護のやり方を工夫した」としている。それぞれに対応を工夫しているわけだが，「担当を辞(や)めた」人も9％いた。

アンケートの選択肢による回答ではなく，自由記述や聞き取り調査などからは具体的にさまざまな対応が見えてきた。

利用者と距離を置くために「介護に関すること以外は話さないようにする」「ボディタッチしない」「なるべく接触しないためにベッドのまま食事介助する」など，自己防衛のために硬直したような対応も散見された。

一方で「相手を傷つけるしトラブルにもなるので，受け流して，次回から気をつける」「利用者の趣味，興味，好きなことを知っておき，違う話に切り替えられるようにする」「気をそらすためにとっさに思いついて腕相撲(うでずもう)をしたら，一番喜んでいただけた」といった柔軟な対応もあった。

2）相談―組織としての対応―

　利用者からの性的働きかけについて誰に相談したか，複数回答で聞いたが，5.5割の人はサービス提供責任者に，4割は同僚に相談している。相談したことで，「自分だけじゃないとわかった」「思いを共有するだけで気持ちは軽くなった」「アドバイスを得られた」などとし，中には「話すことで笑い話に変わった」という人もいて，多くは話してみて良かったとしている。性的な内容は話すのに勇気を要するかもしれないが，1人で抱え込まないで，人に相談することの大切さを示していた。相談の結果，サービス提供責任者等が利用者に話をする，利用者の家族に話す，担当を変えるなど対応している場合もあった。

　しかし，中には相談したのに，「受け流して」「適当にやって」「無視して」「付け込まれたあなたにも責任がある」などの反応が返ってきて，相談することによって反って，傷ついたという人もいた。

3）利用者の性的行動についての理解

　訪問介護員自身は高齢者の性的行動をどのように理解しているのであろうか。

　性的働きかけの背景にある心理について聞くと「性的欲求不満が強い，性的欲求不満のはけ口」と「寂しさ，孤独感，疎外感から温もりのある人間関係を求めている」という理解が拮抗し，双方ともほぼ7割と群を抜いて多い。

　次いで「コミュニケーションをもちたい」「自分の存在を認めてほしい」が続く。性的欲求だけではなく，利用者の心理的欲求，人を求め承認を求める気持ちを感じ取っていることがわかる。

　また，3割は「認知症などで行動の抑制ができなくなっている」と見ていた。しかし，「訪問介護員の仕事への理解がなく，目下に見て何をしてもよいと思っている」など，ほぼ5人に1人は性的行動の背景に侮

蔑を感じていた。

　自由記載や聞き取り調査では，対応同様，性的行動の受け止めや理解についても個人差が大きかった。「行為が犯罪であると認識させるべき」「セクハラまがいのことを行えば次回より訪問できない旨を知らせる」といった強い調子の記述がある一方，「心理的背景にも目配りして対応を考えるべき」という意見も多かった。その中には「性交渉を求めている利用者は今のところ，いないと考えている。元気でいる私の想像以上の孤独感が，性的行動に走らせていると思う」という理解，「最初は戸惑ったがそれなりに対応できるようになった。相手の置かれている立場を理解することが大切」などの記述があった。

　一方，「妻を亡くした利用者の寂しさは十分理解しているが，手近な訪問介護員が代償とされるのは大変迷惑，高齢者同士のコミュニケーションが可能な場があればと考える」といった指摘もあり，なるほどと思わされた。

3　今後に求められる取り組み

1）利用者の性的行動への視点—利用者の性的働きかけはセクハラか？—

　利用者から介護者への性的行動に対してよくセクハラという言葉が用いられる。しかし，一般的なセクハラへの対応は高齢者介護の現場には馴染まない。セクシュアル・ハラスメントという括りで理解すると，「問題老人」と決め付け，その行動を何とか抑えようとする対応しか見えてこないからである。

　本来，性的欲求は，時，場所，相手を選んで表出することが厳しく求められている。対人援助のプロとしては，性的な表出をコントロールできなかった「その人」への理解を深め，性的な表出の意味に思いを巡らす必要があるだろう。

一般に性的な表出に関しては性欲が強い，エッチな人とその人物に付随する特質であるかのように受け止め，感情的に反応してしまい，他の行動上の問題のように，なぜ，どうして，そのような行動を取るのか，という理解の仕方が乏しい気がする。性的行動は拒否しても，行動の意味をどのように理解するか，ということが大切である。その意味で介護員への性的行動は「メッセージ」としてとらえたい。

　性的エネルギーは人に向けた性的行動として表出されるだけでなく，さまざまな活動，家族への愛情，他者との交流などに昇華しうるものである。それがなぜ性的逸脱行動として突出した形で表現されたのか，理解していく必要がある。

　まずは，状況を吟味し，誘発要因がなかったかどうか検討したい。介護者を妻と思ったり，下着を脱がす介護者の行為を性的誘いと受け止めたり，認知症による誤認が原因になった事例もあった。

　次いで，背景要因，利用者の心理面を理解するために，その人の人生，生活全般に思いを巡らしたい。メッセージは一人ひとり読み解く必要があるものだが，これまでの事例を見ると以下のようなメッセージであることが多いように思う。

- 「自分を認めてほしい，受け入れてほしい」
- 「要介護者の1人ではなく，1人の男性・女性として，向き合ってほしい」
- 「人間的な温もりのある関係が欲しい」
- 「楽しいコミュニケーションをもちたい」
- 「不確かになっていく自分の存在を確認したい」

　特に認知症の人は病が進行する中で自分が不確かになっていく不安，周囲からの疎外感を強めている。何かしら手ごたえのある，人との触れ合いの中で自分の存在を確認し，安心を得ようとするのではないだろうか。

「パーソンセンタードケア」を提唱するトム・キットウッドは認知症の人々の主な心理的ニーズとして5つの項目を上げているが[2]，その1つ「なぐさめ」について以下のように述べている。

「喪失感(そうしつかん)に対処しようとするときに他人と親密になることから安心の感情を得ようとする『なぐさめ』のニーズは強くなる……性的欲望の高まりはなぐさめのニーズが部分的に現れたと解釈(かいしゃく)できるかもしれない。」

もちろん，すべての性的行動が上記のように理解できるということではない。中には生理的な性的欲求が強く，実際に欲求そのものを満足させたいという利用者がいる。また，男尊女卑(だんそんじょひ)的な感覚が強く，訪問介護員の仕事への理解が不十分で，「オレの言うことを聞け」的な行動をとることもある。難しいかもしれないが，この辺りの見分けが大切だと考えている。

2）どのように対応すべきか―利用者・訪問介護員の双方に望ましい対応とは？―

① とっさの対応

とっさの対応は利用者との関係性，どのような性的行動だったか，介護員の性に関する感覚などによって異なってくる。風呂上りに抱きつかれて，「奥さんのことを思い出したの」と抱き返すことができる人もいれば，強い嫌悪感を抱く人もいる。また，同じ介護員でも利用者によって，あるいは行動の中身によって許容できる場合と嫌悪感を抱く場合があるだろう。良し悪しの言える問題ではない。

しかし，できれば嫌悪を顕(あら)わにして，利用者に強い屈辱(くつじょく)感を与えないように配慮したい。性的に働きかけるというのは，相手に陽性の感情（好感）を抱いているということでもある。好感をもつ相手から嫌悪感を顕わにされた場合の傷つきは大きい。その後の関係性も維持しにくく

なるだろう。

　とっさの場合に少しでも余裕をもった対応ができるためには，事前の心の準備が必要である。まず，要介護状態になっても性的な関心はあり，介護員への性的行動として表現されることもあり得ることを知っておくこと，そして，もし性的な働きかけがあったら，自分はどのように対応するか，自分の性に関する感じ方も勘案し，自分にできる対応を考えておくことである。性的行動は「メッセージ」と前述したが，それはすぐ読み解けるわけではない。まずは，「コミュニケーションの誘い」と受け止めるとよいと考えている。

　それに軽く応じられる人もいれば，嫌悪感が先立つ人もいよう。利用者だけではなく，訪問介護員も守られる必要がある。嫌な行動については「止めてください」と言い，嫌悪感が強い場合はその場を離れて気持ちを落ち着かせよう。無理のない対応でよい。

② **具体的な対応**

　利用者の性的行動はさまざまであるし，対応も千差万別に考えられよう。一概に「これが良い対応」と言える正解もない。しかし，参考までに，「体に触る」「性的な話をする」といった行動に対しての対応のパターンをいくつか上げてみたい。

・気配を察して予防的に反応する。

　相手の雰囲気から「危ないな」と感じ取ることができる場合は，相手に正面から向き合い，しっかり目を見て，明るい声で話しかける。あるいは，こちらの行動を切り替えててきぱきと働き始める。

・触ってきた手を取り，コミュニケーションの誘いに変える。

　触ってきた手をこちらの手でブロックし，「何ですか」「どうしましたか」と自然に受け止めて，会話に変える。

・受け流し，他のことに関心を向ける。

　さりげなく受け流して，他のことに注意を向ける。利用者が関心を

示す活動や話に方向転換を図る。
・明るく，ユーモアで応じ，雰囲気を変える。
　ユーモアのあるやりとりで凝縮した性の匂いを拡散する。受け止めてもらったことで，利用者も満足して陽性の関係を築きやすい。
・毅然とした対応。
　女性への侮蔑が感じられる場合，むき出しの性欲が感じられる場合など，毅然とした態度で「止めてください」「お断りします」などはっきり言う。しかし，相手の性的行動がストップしたら，気持ちを切り替えて自然に対応したい。

③　その後の対応

　嫌悪感をもった時も，「セクハラ老人」と決め付けるだけではなく，行動の意味，メッセージを読み解く努力をしてほしい。単なる性欲だけではない，心理的な「求め」が見えてくると，避けるだけではない多様な対応が見出せるだろう。例えば，野に咲く花を摘んできて「もうこんな花が咲く季節ですよ」とコップに飾って明るい笑顔を見せるだけで，利用者の雰囲気は変わってくるはずである。できれば，介護員への陽性の感情を梃子に会話を深めてほしい。しっかりした人間関係を築くことができれば，性的行動は収束する場合が多い。

　さらに，誘発要因がなかったかを検討し，その後の対応に生かすことも大切であろう。調査の中で，訪問介護員自身は性的行動を惹起しないために，「服装や化粧に注意する」「女っぽい言葉遣い，態度をしない」など心がけているとのことで，特に服装についての記述は多かった。確かに肌が顕わに見える服装などは誘発要因になるだろう。また，認知症がある場合は服を脱がすなどの介助行為を性的な誘いと誤認する場合もある。誤認が生じにくい言葉のかけ方，介助の仕方を工夫する必要もあるだろう。

　次に，家族がいる場合だが，利用者の性的行動について家族に知らせ

るべきだろうか。

　調査には「性的な行動があった時には必ず家族，親族に知っておいてもらう」という記載もあったが，「介護者の妻がセクハラのことなどを知って介護意欲がなくなり困る」という記載もあった。家族に伝える時にはその必要性，伝えた後の展開，効果など，よく吟味した上で，決めることが必要だろう。

　夫が介護員に性的行動を取ったと知ったら，妻は必ず傷つく。たとえ子どもであっても親の性的行動は受け入れることが難しい。訪問介護員は担当を代わることができるが，家族はその関係を変えることはできない。亡くなるまで介護を続ける関係である。そのことを思うと，性的行動を止めさせるために安易に家族に頼るのではなく，まずは利用者本人との関係で行動の改善を求めるべきだろう。

　性的行動が繰り返される場合，サービス提供責任者から本人に「このような行動が繰り返されると訪問できない」と伝えることも1つである。

　それでも改善しない場合，あるいは，認知症で本人自身との約束が難しい場合などで，家族に伝える必要が生じた場合は，伝え方に気をつけたい。「ありがちな問題」「性的行動があるというのは元気印でもある」「認知症によるもの」など，家族の傷つきが少ない，利用者を異常視しないですむような伝え方を考えたい。

3）事業者・サービス提供責任者に求められる対応

　調査から利用者の性的行動に対する訪問介護員の受け止め・対応の違いが大きいことを実感したが，その一因は事業者・サービス提供責任者によるサポート体制の如何にある。

　前述したように訪問介護員が自分の中で消化できない経験をした場合は話を聞いてもらう場があるだけで気持ちはずっと軽くなる。まずは相談しやすい体制を作ることが大切である。相談を受けた時は，「それく

らい我慢して」「受け流して」といった対応ではなく，嫌悪，恐れ，不安など介護員の抱いている感情をそのまま尊重して，それを出発点にしてどうしたらよいか一緒に考えたい。そして，必要に応じて責任者自身が対応に出向くことが必要であろう。

　さらに，訪問介護員同士が情報を共有する機会・場を作る，難しいケースについては全体の問題としてカンファレンスをもち，対応策を話し合う，高齢者の性に関する勉強会・研修会をもつなどのことが望まれる。

Ⅱ　その他の問題

1　家族から訪問介護員への性的働きかけ

　介護者である独身の息子からラブレターを渡された，デートに誘われた，あるいは，介護者である夫から妻の目の届かない所で体に触られた，などといった報告もあるが，このような時，訪問介護員はどのように対応すればよいのだろうか。

　家族との関係では，以下のような点に留意しておく必要があるだろう。まず，介護者である夫や息子から好意をもたれるのはありがちなことと自覚しておくことである。妻，母を介護してきた夫・息子は疲労やストレスを溜め，性的には欲求不満を抱えているかもしれない。そんな夫・息子にとっては共に負担を担ってくれる介護員はとても貴重なありがたい存在だ。その感謝が好意に変わるのはある意味で自然なことである。そのためにも，日頃から適切な距離のとり方を心がける必要があるだろう。バランスが難しいが，介護者をねぎらい，親身に手助けしても，言葉遣いや態度はくずさず一線を画す，といった配慮である。

　適切な距離をとりながらも一方ではコミュニケーションを深めて，互いの人柄を理解して信頼関係を築きたい。しっかりした人間関係ができると，関係を壊すような行動は抑制されるからである。

それでも，実際に上記のようなことが生じた時，どのように対応するかであるが，好意を告げられた時は，誠意をもってはっきり断った方がよいと考えている。「気持ちは嬉しいし，利用者のご家族として良い関係を続けたいが，自分は仕事で来ていて，個人的に付き合うことはできない」旨を告げ，相手が受け入れてくれるならそれでよし，諦められないというなら担当を代わるしかないだろう。

　夫が性的行動に及んだ場合は「止めてください」とはっきり断り，そのような性的行動があると訪問できない旨伝え，自制を求めるとよい。その際，利用者である妻を巻き込まないように配慮したい。要介護状態の妻はそのことを知っても傷つくだけで，有効な手立てがとれると思わないからである。なお，サービス提供責任者には状況を伝えておき，繰り返されるようならサポートを求めよう。

2　夫婦間の性に関わる問題

　訪問介護員やケアマネジャーは，主に妻からであるが，夫婦間の性に関わる問題を相談されることがある。「認知症が現れてきた夫がしばしば性交渉を求め，妻は充分寝ることができない」「認知症の夫が妻に男ができたと疑い，付け回す」などといった例があった。

　「性について口にするのははしたない」と教えられてきた世代の妻が夫婦間の性の問題を相談するのはよくよくのことである。夫婦間の問題にはノータッチではなく，できるだけ相談に乗りたい。

　第3章-1の「高齢者の性とセクシュアリティの現実」で触れるように，老年期の夫婦は性機能や性欲の低下の男女差から，性生活について悩みを抱える場合が少なくない。女性は閉経以降，性交痛が生じやすくなり，性交渉への関心が乏しくなる傾向がある。それに対し，男性は50代後半頃から性機能が徐々に低下するものの，性交渉を求める気持ちは強い。性についての知識や話し合う習慣が乏しいために，性交痛が生じても，

そのことを夫と共有し，潤いを補うゼリーやホルモン補充療法で対応する，いたわりのある性交を工夫するといったことがなされにくい。相談に乗る上で，このような現状も踏まえておきたい。

上記の認知症の夫がしばしば性交を求める事例は，認知症による不安と希薄になった夫婦関係が背後にあると思われる。認知症を発症した夫が，自分自身が不確かになっていく，妻の態度も今までと異なる，そんな不安や疎外感から，性行為を通して自分の存在を確認し，妻に対する所有感を確認しようとしているとも考えられる。

妻に男ができたと妄想する夫の場合は，恐らく年齢的にも性機能は衰え不能になっていよう。もはや自分は妻を満足させられない，妻は不満に違いないという勝手な思い込みと，妻の態度から覚える疎外感が結びつくと，男がいるのでは，という猜疑心につながっていく。

両者とも妻が夫を立てて，そのプライドを大切にし，できるだけ寄り添って，就寝に際しては肌を触れ合って休むなどしたら，夫の態度は変化するのではないだろうか。しかし，長年の夫婦関係の蓄積があり，介護に疲れた妻にそれを求めることは難しいかもしれない。そうした場合は，夫婦双方の睡眠を確保するために夫に睡眠剤を処方してもらう，嫉妬妄想を抑制する薬物を処方してもらうといった医学的手段に頼らざるを得ないかもしれない。

注
1) 荒木乳根子ほか『訪問介護利用者（高齢者）の性行動に対する介護職員の意識と対応に関する研究』フランスベッド・メディカルホームケア研究・助成財団研究報告書，2008年
2) トム・キットウッド著，高橋誠一訳『認知症のパーソンセンタードケア』筒井書房，2005年

参考文献
・荒木乳根子『基礎から学ぶ介護シリーズ　Q&Aで学ぶ高齢者の性とその対応』

中央法規出版，2008 年
・荒木乳根子『ホームヘルパーブックシリーズ⑪　在宅ケアで出会う高齢者の性』中央法規出版，1999 年

第2章

在宅ケアと施設の性的トラブルとその対応法

1 「2 性的トラブルの事例──その状況と対応」を読まれる前に

　本章を編集するに当たり，多くの施設や事業所，関係者の方々に協力を仰いだ。その結果，北から南までの多数の現場から，さまざまな事例を集めることができた。

　以下，事例を集約し，代表的な内容を挙げ，その対応について紹介するが，その対応は，当事者の性別，年齢，経験などで，大きく異なる。

　そこで，読者の参考になるような対応のあり方について，いくつか挙げてみるので，それらを組み合わせ，プロ意識を持ち，情報や知識の研鑽を積んで，対応を図っていただきたい。

　忘れてはいけないことは，家族介護者が，家庭での介護が困難となり，やむをえず，施設等での介護を受けることになっている利用者の生活環境・介護背景をよく把握し，利用者の尊厳を損なうことのないようにすることである。

　利用者の中には，戦地へ出向かれた経験を持ち合わせている方，男女の違い，学歴，職業，年金収入，資産，さらには，今後ふえるであろう同性愛の方など，さまざまな方がいる。

　家族介護者の中には，施設へ入れたらそれきりで，すべてお任せ，ほとんど施設へは来ないで，苦情だけ言う家族など，家族介護者にも多くの問題を抱えていることがあるので，細心の配慮が必要とされる。

　今は，些細なことでも権利を主張され，苦情を申し立てたり，訴訟を起こされたりすることもあるので，言葉遣いや対応に留意していただきたい。

性的トラブルに対する当事者と施設の対応の留意点

　具体的には，直接処遇職員が対応する際の留意点は，

① いたずらに騒がないこと。
② 興味本位にならないこと。
③ プライバシーを尊重し，関係者以外には他言しないこと。
④ 行為を受けた職員は，泣き寝入りすることなく，我慢することなく，上司に報告すること。

事業所の対応の留意点は，
① 行為を確認できたら，当事者の職員から正確な情報を把握すること。
② 職員間で，情報の共有化を図ること。
③ 対応が困難になってきた場合には，カンファレンスを開催し，関係者間で，検討をすること。
④ やむをえない場合には，家族介護者へ伝え，対応を図ること。
⑤ 暴力的行為については，職員や他の利用者のことを考慮し，しかるべく施設を紹介すること。
⑥ 病状などによっては，他専門医療機関を紹介すること。
⑦ 職員の研修を十分実施しておくこと。
⑧ 行為を受けた職員が上司に報告することができるような体制を整備すること，また，泣き寝入りをすることなく，報告しやすいような雰囲気作りをしておくこと。
⑨ 行為に対して，マニュアルを作成しておくこと。
⑩ 担当介護支援専門員（ケアマネジャー）から，詳細な情報を得ておくこと。

などがある。

主な性的トラブルの対応方法

さまざまな考え方があるので，以下に挙げることは，あくまでも参考程度にしてください。

また，記述内容以外に，推奨(すいしょう)できるようなことがあれば，ぜひ，著者へお知らせください。

1　基本的な対応として
① 話をそらす。
② 服装や言動に配慮する。
③ 同性の職員から注意をしてもらう。
④ 責任者から注意をしてもらう。
⑤ 担当者を変更する。
⑥ 行動を観察して介護内容や姿勢などに配慮する。
⑦ 必要以上に体を近づけない（密着しない）。
⑧ 行為が生じた時には，はっきりとした態度で臨む。
⑨ 可能であれば1対1のサービス提供を行わない。
⑩ 家族（妻・息子・娘）への連絡。
⑪ 担当介護支援専門員への連絡と情報提供を求める。

2　さらに，一歩踏み込んだ対応として
① ある程度，人生の機微(きび)がわかる人を派遣する。
② 事業所として，情報を正確に従業員に伝え，情報の共有化を図る。
③ おこったり，しかったりするばかりではなく，なにか楽しい話題を持ち出す。
④ 趣味を聞き出したり，仕事の話や得意なことを聞き出し，気をそらせる。
⑤ 家族にすぐ相談をしたり，介護支援専門員などに相談するのではなく，話し相手をして行為の原因を探り出すこと。
⑥ 事業所として，対応方法，話し方等の研修会を開催し，その人の人格を傷つけることのないようにする。

⑦　人として，最後まで残る欲望は食欲と性欲であることを，よく職員が理解しておく。
⑧　相手を不潔と決めつけるのではなく，癒しとしての性をよく理解しておく。
⑨　異性を求める気持ちを無視したり，歪曲して捉えるのではなく，その現象から，真意をうまく引き出し，対応する。
⑩　人生の終焉にいる人の気持ちを考え，寂しさを理解し，対応をする。
⑪　異性との関わりを，施設として，どのように考えるか，機微がわかる職員と検討する。
⑫　人生の癒しを，どのように考えたらよいのか，検討をする。

3　その他の対応として
①　触れられた時の反応を楽しんでいる利用者もいるので，無視する。ただし，続くようであれば，きつくしかる。
②　利用者同士の恋愛などについては，あまり職員が口をはさまない。
③　利用者同士が，同じ布団に入っていても，見守るだけに止める。
④　利用者が，風俗的な本や映像を見ていても，知らないふりをする。
⑤　人の温もりを恋しがる人がいる時は添い寝してあげる。布団に入らず，布団の上からにする。
⑥　人恋しさから，いろいろな事象が起きてくることがあるので，手をつないだり，肩に触れたりしてスキンシップに心がける。
⑦　利用者も，身体が不自由であることを除けば，健康な高齢者と同じなので，思考も健康な高齢者と同じようであると，考えたほうがよい。
⑧　同性愛者もいるので，はやく聞き出して，対応を間違えないようにする。その時には，相手に失礼がないように，十分配慮する。

などが，考えられるが，これ以外にも多岐(たき)に及ぶ対応策があると思われるので，読者から，お知恵を拝借できれば幸いである。

---**読者へのお願い**---

　今回の事例については，あまりにも卑猥(ひわい)な，表現については，簡素化して記述した。

　現実には，かなり，直接的な表現や，卑猥過ぎる言葉や行為も多々見られるので，覚えておいていただきたい。

　経験不足の介護職員には，各事業所とも，教育指導と情報提供，情報共有をお願いしたい。

2 性的トラブルの事例──その状況と対応

① 職員の体を触る

＜在宅事例＞

事例1　入浴介助中に体を触られる

【利用者情報】　男性（76歳）。要介護4。パーキンソン病。言動の明瞭さは日内変動・日差あり。

妻と2人暮らし。妻によると「昔から博愛主義者で，よその女の人によけいに優しいの」。

【当事者】　訪問看護師（女性，30代）

【状　況】　入浴介助中，看護師と2人きりになると小声になり，手まねきをして看護師の手や足に触ったり，「白くて気持ちよさそう」「ガードがかたいなあ」などと言う。

妻がそばにいない時に，その行為に出る。冗談として受け流すが，何回も続くと嫌になる。

当事者の対応
① 日差もあり，毎回ではないため，別の全く関係のない話題に切りかえる。
② 行為が続く時には，入浴時間を切り上げた。

事業所の対応
❶ 行為が続き，頻回になるようであれば，妻と相談することにした。
❷ なお，状況を事業所として把握し，記録を残しておくこととした。

対応後の変化
・少し行為は少なくなったが，行為は続いていた。

・行為の進捗状況を見ながら，訪問看護師を，交代させて様子を見ることにした。

その他の所見

・行為をやめさせることは難しいので，担当者を変更するしか方法がない。
・事前にこの情報が介護支援専門員から寄せられていたら，担当者の年齢層を，高くすることも検討できたので，訪問看護ステーションから居宅介護支援事業所へ，行為に関する情報を事実に基づいて，もう少し詳しく提供をしていただくようにお願いした。

事例2 「陰部を見せてほしい」と言って体を触ってくる

【利用者情報】　男性（80歳）。要介護3。糖尿病。
　　　　　　　昼間独居（長女と同居）。
【当事者】　ヘルパー（女性，年齢不詳）
【状　況】　排泄介助（オムツ交換）時，「あんたの陰部を見せてほしい」「俺の上に乗ってこい」「ええ体しているなあ」と胸やお尻に触ってくる。
　　　　　　一度，ヘルパーのズボンを引っ張り，脱がそうとしたことがある。

当事者の対応

① 触られにくいような体勢をとる。
② オムツ交換時には，手が出ないように，手に何か物を持ってもらう。

事業所の対応

❶ 毅然とした態度で応じるように指示した。
❷ ❶の対応でもおさまらない場合は，派遣するヘルパーの年代層を高くすることとした。

対応後の変化

・そのつど「触らないで」と言い，毅然とした態度を示したところ，行為はおさまった。

その他の所見

・訪問時，長女はその場にいても問題行動を制止せず，長女の対応に問題あり。
・毅然とした対応をすることで，そのような言動はおさまったが，時間を要した。
・行為が再発するようであれば，介護支援専門員へ情報を提供し，改善を図るようにしていく。
・念のため，アルツハイマーなどの症状かもしれないので，専門医に受診することも，検討課題としておく。

事例3　陰部を触ってくる

【利用者情報】　男性（67歳）。要介護4。糖尿病，両下肢切断。
　　　　　　　昼間独居（妻・長男夫婦と同居）。
【当事者】　ヘルパー（女性，30〜40代）
【状　況】　オムツ交換時，ヘルパー側へ側臥位になると，ヘルパーの陰部を触ってくる。
　　　　　　陰部洗浄時も「気持ちよく体液を出してくれ」と言う。

当事者の対応

① 側臥位になる前に「触らないで」ときっぱり言う。
② 介護支援専門員に相談。

事業所の対応

❶ 回数が増えてきたため介護支援専門員と長男に相談し，訪問の中止，もしくは，ヘルパーを高年齢者に変更する。

対応後の変化

・利用者から，訪問の中止の申し出があり，利用中止となる。

その他の所見

・なぜ，訪問の中止を依頼してきたか，その理由を今後の参考のために把握したいと思ったが，「ご迷惑をおかけしたので，申し訳ないのでお断りしました」とだけ言われた。しかし，要介護4の状態から見ると，介護支援なしで家族介護ができる状況ではないので，介護支援専門員が，他の事業所へ変更したか，デイサービスなどを利用するようになったか，施設入所したかであろう。情報が途絶えたため，その後のことはわからないのが残念である。

・介護支援専門員には，少し時間が経ったらその後の状況を尋ねたいと思う。

事例4　女性の体を触りたい

【利用者情報】　男性（年齢不詳）。要介護2。認知症。ADL自立。介護者は妻。

【当事者】　介護職員（女性，年齢不詳）

【状　況】　建築業をやっていたが，60歳を過ぎたころから物忘れが多々見られるようになる。アルツハイマー症との診断を受けデイサービスの利用となる。

情緒が不安定なところもあり，たびたびデイサービスを休んでいたが，2～3ヵ月もするとスタッフとも顔なじみになり，笑顔で過ごすことが多くなる。

その頃から女性スタッフに対し卑猥(ひわい)な言葉をかけたり，体を触ろうとする行為が見られるようになった。はじめは軽いものであったが，その行為が徐々(じょじょ)にエスカレートし，その行

為を他の利用者が嫌がるようになった。

当事者の対応
① カンファレンスを開催し対応を検討。家庭ではほとんど自宅から出ないとのことだったので，外出する機会（散歩等）を増やし，また室内でも体を動かす機会を増やした。
② ストレスを発散させるようにしたところ，一時的に行為は減少したが，再び同様の行為をするようになった。

事業所の対応
❶ 男性スタッフが利用者の下ネタの話に調子を合わせたり，（女性利用者がいないところで）軽い下ネタなら無理にやめずに少し付き合うことで，利用者がとても満足気な表情になり，それ以上話題がエスカレートすることは少なくなった。
❷ 体を触ろうとする行為は時折見られた。若い女性スタッフはいやがることが多かったため，年配のパートスタッフが利用者の肩を揉むなどのスキンシップを図ることで，行為はしだいに少なくなった。

対応後の変化
・利用者に合わせた対応を図ったが，完全に体を触ろうとする行為がなくなったわけではなく，利用者の性格もある（家族も「昔からスケベだった」と言っていた）ため，適度に付き合い，うまく流すようにして過ごした。

その他の所見
・認知症になると，その進行状況により，さまざまなことに自制がきかなくなる場面が生じてくる。したがって，認知症の進行を見ながら，その状況に合わせた対応を，カンファレンスなどを開催して検討することが必要であった。
・性欲と食欲とは，人にとり最後まで残された癒しであり本能であるから，そのことを，念頭に置いて，対策を考えることが不可欠である。

事例5　通所リハの送迎時に体を触る

【利用者情報】　男性（92歳）。要介護3。脳梗塞。
　　　　　　　　妻と2人暮らし。
【当事者】　介護職員（女性，27歳）
【状　況】　通所リハビリ（デイケア）の送迎車から降りる際に一部介助が必要であることから，当事者が利用者を手引きしている。その時，胸をつかまれた。
　　　　　　普段からお尻を触ることは頻繁にあった。

当事者の対応
① 驚いたが冗談でかわして，他のスタッフに介助を求め，その場は2人で介助した。
② また，すぐ，男性職員に行為を伝えた。

事業所の対応
❶ 家族へ連絡。迷惑行為については重要事項説明書にも記載があるが，再確認を行った。迷惑行為をやめないようであれば通所の停止となる旨を家族へ説明。
❷ 同時に，行為が継続するようであれば，サービス停止になるかもしれないと利用者に伝えることに。
❸ 行為の程度により，施設入所もありうると家族に話をしてみることも検討した。

対応後の変化
・家族に伝えてあっても，その後も他の女性職員に対して，利用者の同じような行為が見られた。
・迷惑行為がおさまらない時には，男性職員のみで送迎を行うか，女性職員はその利用者に近づかないようにすることにした。

その他の所見

・迷惑行為のある場合は，男性職員が対応することを検討。
・男性職員1人で対応できない場合には，送迎車の乗り降りのみ介助は2人で実施していくことにした。
・経過を見ながら再度対応を検討し，男性職員がいる曜日にデイケアを変更することにした。

事例6　自分の性的な欲求をどうにかしてほしい

【利用者情報】　男性（80歳）。要支援2。脳梗塞の後遺症。家族と同居。

【当事者】　30～50代のヘルパー（女性）数人。ローテーションで介助を行っていた。

【状　況】　入浴の支援で訪問介護を行っている。
　脱衣の際に，「若い人に抱きつくと元気が出る」と言い，両腕をつかみ引き寄せようとしたり，よく「お尻を見せてくれ」と言いながら，ヘルパーの入浴用エプロンをめくり上げたりする。
　陰部を洗う際には，必要以上に洗ってほしいと言う。
　また，浴槽に入っている時に，ヘルパーの手をつかみ陰部に持って行こうとし，「サービスしろ」と言われたこともあった。

当事者の対応

① 介護支援専門員に相談し，家族を交えて担当者会議を行った。妻が，利用者の行為を知っていたので，当事者から利用者への注意もしやすくなった。

事業所の対応

❶ 注意しても，たびたび行為が続いたため，介護支援専門員に相談し，妻より利用者に再度話をしてもらった。

対応後の変化

- 注意をしたところ,「その場を楽しくするためにしたことだ」と逆上する。
- 利用者の申し出により,しばらく支援を中止した。
- 後日,再開してほしいとの連絡があった。数人のヘルパーで対応していたが,とくに問題になる行為がなかったため,1人のヘルパーで対応することにした。
- 最初40代のヘルパーが支援していたが,自分の思う通りにならないため,利用者より他の人にしてほしいと申し出があり,その後60代のヘルパーが対応している。

その他の所見

- ヘルパーが嫌な思いをしていることは,家族に何度も伝えていたが,少し時が経つと同じ行為を繰り返すため,事業所内ではどんな対応をしても変わらないというのが,暗黙の了解になっていた。
- しかし,このままでは,サービス継続が困難と判断し経過を見ながら,ヘルパーの年代や触れられる頻度が少ないヘルパーを派遣することとした。
- また,若干認知も見られるため,注意されたことを忘れたり,理解できないことが考えられる。今後は,サービス中止をするのではなく経過を観察しながら,注意する内容や方法など対応を検討していかなくてはならない。
- 触られやすい人と触られない人とあるが,その人の魅力や隙,利用者の好き嫌いなどが絡み合って,そのような行為につながると思われる。

事例7 薬を陰部に塗ってほしい

【利用者情報】 男性(86歳)。要介護2。白内障。

第2章　在宅ケアと施設の性的トラブルとその対応法

1人暮らし。妻（重度認知症）とは別居（妻は長男宅にいる）。
【当事者】　ヘルパー（女性，30代）
【状　況】　訪問するヘルパーの手を握ったり，肩に触る。時には，抱きつくなどの行為もあり。

さらには，ヘルパーの前で下着を脱ぎ，薬を陰部に塗ってほしいと訴える。「薬が，うまく塗れないから……」とか，「もっと塗ってくれ」と言う。

赤味もなく，医師の指示もないのに，自分で購入し，毎回塗布を希望され困っている。

当事者の対応
① 手の麻痺がないため自分で塗るように話すと「目が悪くうまく塗れない」と言う。
② 数回は塗布を行ったが，行為がおさまる気配がないため，事業所に伝え，事業所から介護支援専門員へ相談する。

事業所の対応
❶ 利用者に数回，薬剤の塗布はできない旨を説明したが，行為が続いたため，介護支援専門員から長男へ，その行為について話し，長男から利用者に注意してもらった。
❷ その後，メンタルクリニックを受診。
❸ ヘルパーを50代後半の女性に変更。

対応後の変化
・メンタルクリニックから向精神薬が処方され，その後，行為がおさまった。

その他の所見
・メンタルクリニックへの受診が適切であったか否かはわからない。
・向精神薬の副作用が心配なので，注意して行動を観察していく予定で

ある。
・また，メンタルクリニックと相談しながら，薬剤の中止を検討し，可能であれば中止して経過を見たいと考えている。

事例8　触っていると「うきうきする」

【利用者情報】　男性（81歳）。要介護1。認知症，脳性麻痺，両上肢麻痺。意思疎通は字を書くことで成立する。移動は車椅子を使用できる。
　　　　　　　妻と2人暮らし。
【当事者】　看護師（女性，50代）
【状　況】　デイサービスの女性看護師に対し，背中，お尻，腕等を触る行為がある。
　　　　　利用者は触っていると気分がよくなり，「うきうきする」と話す。
　　　　　毎回そのような行為がある。

当事者の対応
① 触ることは迷惑行為なので，行為をやめるよう本人に伝えた。

事業所の対応
❶ 経過観察することにした。

対応後の変化
・注意する前に比べ回数は減少したが，触ってくる行為は残った。

その他の所見
・様子を見て，しだいに行為がエスカレートしたり，回数が増えてくるようであれば，妻や介護支援専門員と相談して，事業所としての対応を検討することにした。

事例9　体に触って性的な言葉を発する

【利用者情報】　男性（66歳）。要介護2。認知症が見られるが、杖(つえ)歩行で行動は自立している。機能訓練のためデイケアを週1回利用。土木関係の仕事をしていたため、言葉が荒く問題行動がある。
　　　　　　　　家族は同居の息子のみ。

【当事者】　ヘルパー（女性，30代）

【状　況】　面接の応対で他の利用者とのトラブルがやや心配と感じたため、試しにデイケアを1日のみ利用することにした。
　　　　　　その日、スタッフの手を握り締めたり、体に触って性的な言葉を発するなどの行為があった。
　　　　　　また、女性職員より「視線がとても気持ち悪い」との指摘があった。

当事者の対応
① 施設管理者（女性，50代）が一緒に担当し、利用時間の間ずっと見守った。
② 注意をしたが、繰り返した。

事業所の対応
❶ 当事業所には女性職員しか在籍していないため、担当の介護支援専門員と相談し、利用を断った。
❷ 今後、男性職員の採用も課題となった。

対応後の変化
・男性ヘルパーのいる施設を利用することに変更。
・その後、当該(とうがい)介護支援専門員から、「他の施設でも以前同様の問題があった」と報告があった。

その他の所見

・介護支援専門員からの情報提供不足により起きたので，その旨(むね)を介護支援専門員へ話をして，今後，類似の事案が起きることのないように，情報提供を怠らないようお願いした。

事例10　陰部を触ってほしい

【利用者情報】　男性（80代）。要介護1。廃用性症候群のため下肢(かし)筋力低下，軽度認知症。
　　　　　　　　介護者は妻（70代）。妻は高血圧。
　　　　　　　　再婚同士で，互いに子どもは独立している。
【当事者】　ヘルパー（女性，40代）
【状　況】　陰部を触ってほしいと訴える。
　　　　　　また，立ち上がりの介助をする時に体を触ってくる。

当事者の対応

① 「だめですよ」と軽く断ったら，機嫌が悪くなり「もう帰れ」と怒鳴(ど な)られた。
② 何とか時間内の訪問を終えて事業所へ戻り，その行為を報告。

事業所の対応

❶ 事業所から利用者に，このままでは訪問が継続できないことを伝えるとともに，妻にも状況を説明した。
❷ 妻と面接した結果，利用者から毎日何度も性交渉を求められ困っていると相談を受けた。妻が性交渉を断ると怒り，暴力をふるわれることも。また，利用者はＥＤ（勃起(ぼっき)不全）の治療を受けたいと訴えているとのことであった。妻は，自分のせいでヘルパーに「触ってくれ」と言ったりするようで申し訳ないと思っている。
❸ 妻に了解を得た上で，地域包括支援センターに相談をした。

対応後の変化

・妻とその子どもを交え，地域包括支援センターと相談した結果，利用者は精神科を受診し，入院となった。

その他の所見

・当初，利用者の息子さんと主治医と介護支援専門員と事業所と地域包括センターで，どのように対応したらよいか検討した。その結果，EDの治療薬が処方され，性風俗関連特殊営業所へ行くこととなった。
・そこで利用者の希望もかなえられたが，この状況を妻の子どもに伝えたところ「けがらわしい，認知症が進行している」と怒り，精神科を強行に受診させ，入院となった。
・訪問介護事業所で，このような事例を抱え込むのは非常に困難であり，地域包括支援センターに相談したことは良策であったと考える。
・主治医から，利用者および妻のことを考えた上でいくつかの方法を提案され，夫婦間で話し合いをし，両者の尊厳は維持された。窓口を一本化し効果的に連携できた事例であった。
・しかし妻の子どもに，高齢者の性についての理解をしてもらうことができなかったことが残念である。高齢者の性について介護者が理解することが重要であるが，超高齢社会の現在，世間一般への理解も必要であろう。

事例11　酔って暴力をふるったり，胸やお尻を触る

【利用者情報】　男性（81歳）。要介護3。交通事故で足の筋力が低下。その後，機能訓練により現在要介護2。アルコール依存症で暴力行為が目立つ。がんの加療中。
息子夫婦および孫と同居。妻が特別養護老人ホームに入所した後，介護者は嫁になった。息子夫婦などと同居しているにもかかわらず，ほとんど部屋の掃除や整理もさ

れず，ひどく乱れている。
- 【当事者】 ヘルパー（女性，40代）他，複数。
- 【状　況】 アルコールがやめられず，酔って通所拒否したり，ヘルパーに殴りかかったりする。また，ヘルパーの胸やお尻を触るなど問題行動が日常的に見られる。
  この他，入浴・集団行動拒否，卑猥な言葉など，問題が多い。
  送迎の男性職員を殴ることもある。

当事者の対応
① 頻繁に介護支援専門員と家族に，行為の詳細を連絡した。
② 必要に応じて，早期帰宅，デイサービス中止などの対応をしている。

事業所の対応
❶ 問題行動が多い日は，男性職員が中心に対応。
❷ 暴力行為が激しい時には警察などに対応を依頼するなど，施設側に判断を一任する旨，家族に念書を書いてもらった。

対応後の変化
・暴力行為や迷惑行為がある場合には，警察に通報する旨を本人に話してあることと，職員への周知徹底により，現時点では大きな問題は起こっていない。

その他の所見
・家族が介護に対して無関心である。
・日常的に泥酔状態が多く，家族もそのことを放置している。
・暴力行為などが頻繁に発生したり，激しい場合には，精神科病院などを受診させ，入院などの措置を考えないと，職員の安全管理が行き届かない。
・注意しなくてはならないことは，職員自身が怪我をしたり，向精神薬の使用やＰＴＳＤ（心的外傷後ストレス障害）になった場合に，安全配慮義務違反で施設に損害賠償が発生することがあり得るということ

第2章　在宅ケアと施設の性的トラブルとその対応法

で，このことも視野に入れておかなくてはならない。

事例12　抱きつく

【利用者情報】　男性（70歳）。要介護1。歩行可能，認知症状なし。
　　　　　　　1人暮らし。
【当事者】　ヘルパー（女性，50代，訪問介護職経験14年）
【状　況】　清掃中，後ろから抱きつかれた。
　　　　　　ヘルパーの体について品評し，性体験を聞いてきた。

当事者の対応
① 抱きつく行為に対してはさりげなく流し，明るく「お仕事ができないので離れてくださいね」と対応した。
② 体についての品評や性体験を聞かれたことは，突然のことで，どんなふうに反応したらよいのか戸惑ったが，聞き流そうと思った。同時に「高齢になっても，女性に興味があるのだな」と思った。

事業所の対応
❶ 当事者は事業者に相談。事業所から利用者に行為をやめるよう伝えた。
❷ ヘルパーを変更。

対応後の変化
・利用者の都合で当事業所の利用が中止となったため，その後は不明。

その他の所見
・この事例の後，1人暮らしの男性利用者の場合，セクハラ的な行為の有無について介護支援専門員に確認し，内容によっては訪問を断っている。本来であれば，利用者を選んではいけないが，ヘルパー不足なので，女性職員に男性利用者宅への訪問を依頼するため確認をしている。
・居宅では1対1になるので，トラブル防止の視点から利用者情報は不

55

可欠である。
・事業所がすべてを把握しているとは限らないので，行為が生じた時にはヘルパー自身も毅然とした態度で対応するように指導して，事業所内部で情報を共有しておかなくてはならない。
・なお，事業所として利用希望者を受け入れられないと判断した場合には，介護支援専門員へ利用不可もしくは契約解除の旨を伝えておく。

事例13　なかなか手を放してもらえない

【利用者情報】　男性（90歳）。要介護5。認知症状なし，歩行不可。息子と同居。
【当事者】　ヘルパー（女性，60代，訪問介護職経験2年）
【状　況】　介護の際に必要以上に体を接触させてくる。
　　　　　車椅子の移乗の際，首にまわした手をなかなか放してもらえず，「このまましばらく……」と言われた。

当事者の対応
① 故意かどうか疑問を感じたが受け流した。「何歳になっても女性に興味があるのだな」という思いがした。
② また，高齢になっても人肌が恋しいのか，ヘルパーを女性として見ているのだろうと思い，車椅子移乗の介護時などあまり体を密着しないようにした。

事業所の対応
❶ 事業所から利用者へ注意を促した。
❷ 当事者には，このようなことが今後もあるかもしれないので，担当を交代してもよいと伝えた。

対応後の変化
・その後，数回訪問したが，特段の行為はなく，間もなく利用者は亡く

なった。

その他の所見

- 触られないよう介護の方法を工夫し，利用者と信頼関係が築けるよう積極的に会話をした。
- 利用者は，介護者が息子なので，女性を恋しいと思っていたのかもしれない。もう少しスキンシップをしてあげられたらよかった。
- 介護スキルを心身面から考える事例であった。人肌の温もりを欲した利用者の心を十分考えなければならないと思われる事例であった。

事例 14　性的な言葉をかけ，胸やお尻などを触る

【利用者情報】　男性（76 歳）。要介護 2。軽度認知症，アルコール依存症。1 人暮らし。

【当事者】　ヘルパー（女性，40 代，訪問介護職経験 12 年）

【状　況】　調理中，掃除中，訪問して挨拶した時，買い物や通院などで一緒に出かけた時などに，ヘルパーの体について「太ってるね」などと評したり，性体験を聞いたり，性的内容の言葉をかける行為が見られた。
　　さらに，胸やお尻，股間を触ってきたこともしばしばあった。
　　また，ヘルパーへ好意を告白し，ラブレターを渡したり，デートに誘ってきた。

当事者の対応

① 性的な行為に対し軽くたしなめることもあったが，時には厳しく叱責するなどして感情的に反応したこともあった。また，叱責の時，利用者の手を軽くたたき「やめてください」と，不快であるという気持ちをはっきり伝えた。
② 様子を見ていたところ，しだいに行為がおさまってきた。

③　なるべく嫌な顔をせず，明るく冗談やユーモアで受け答え，話の内容を変えたり，雰囲気を変えたりして対応した。

事業所の対応

❶　事業所のサービス提供責任者に，利用者のところへ同道して利用者の様子を把握してもらい，責任者と問題を共有することにした。

対応後の変化

・利用者が施設に入所したため訪問しなくなった。

その他の所見

・なぜ全くの他人に，しかも1回1～2時間という少ない時間に性的行動をとるのかがわからないので，生活歴も含めてじっくり考え，認知症，高次機能障害を有していなければ，利用者の本当の心の内を聞きたいと思った。

・介護教育の中で，このような性的行動についての教育を受けたことがないので，当事者側の知識不足があり，利用者に対して十分な対応ができなかったのではないかと痛感した。

・今後，このような場面に関する知識を習得し，より利用者を理解し，支援計画を立てることが必要だと思った。

事例15　「あなたの体はどうなっているの？」

【利用者情報】　男性（86歳）。要介護2。中度認知症，歩行可能。
　　　　　　　妻と同居。
【当事者】　訪問介護員（女性，30代，訪問介護経験4年）
【状　況】　掃除中，胸やお尻，股間を触られそうになった。
　　　　　また，利用者が，数十年前と思われる古いセピア色にあせたアダルト写真などを見せ，「あなたの体はどうなっているの？」と聞いてきて，わきの下に手を入れてきた。

第2章　在宅ケアと施設の性的トラブルとその対応法

当事者の対応
① 行為が起きた時,「やめてください」と自分の気持ちをはっきり伝えるとともに,「また今度,そんなことをしたら,私は訪問しませんよ」と笑いながら諭すように話した。
② 雑誌やビデオの話にならないように,天気の話やその人が興味のある話題で気を紛らわせるようにした。

事業所の対応
❶ 介護支援専門員から,利用者の行為を妻に伝えてもらい,写真,雑誌など性的行動を誘発するものは全て処分してもらった。
❷ 事業所からは「何かセクハラ的な言葉,行動があった際,明確に嫌な気持ちを伝えなさい」と指示した。

対応後の変化
・認知症が重度になり,性的行動がとれなくなった。

その他の所見
・性的な問題を相談できる窓口があるといいのではないかと思った。また,同時に,介護教育の中に高齢者や認知症を有する人の性的行為に対する具体的な対応についての内容があると,利用者はじめ関係者に不快な思いをさせなくてもすむことだと思われた。
・訪問介護員は利用者に性的行為を誘発しないような服装や化粧を心がけるようにする。また,利用者の趣味や興味,好きなことなどに関する情報の提供を介護支援専門員へ求める。
・利用者が性的行動をとった場合,すぐさまその状況を家族介護者へ伝えるのではなく,利用者の尊厳などを考慮し,事業所や介護支援専門員と相談してから,家族介護者へその状況を伝えることが望ましいと感じた。

事例16　若い女性介護職員の胸やお尻を触る

【利用者情報】　男性（70代）。要介護3。認知症なし，脳血管障害による左半身麻痺（まひ）。

　　　　　　　妻と2人暮らし。

【当事者】　介護職員（女性，20代）

【状　況】　デイサービスを利用しており，車椅子で過ごしている。若い女性介護職員が，お茶を出す時や入浴を勧めに行く時にお尻や胸を触る。

　　　　　　また，入浴介助時や更衣（こうい）時にも若い女性介護職員が介助すると，お尻や胸を触ろうとする。

当事者の対応
① 我慢して何も言わずに介助をした。

事業所の対応
❶ 多くの女性職員は当事者のことを心配し何も言わなかったが，一部の職員が介護拒否をすると訴え始めたため，施設長から利用者に女性介護職員の胸やお尻を触らないように注意した。

対応後の変化
・回数は減ったが行動は時々見られる。

その他の所見
・年配の女性が多い職場では，若い女性介護員が被害を訴えても聞き流されることがある。親身になる年配女性介護員がいる一方，騒ぎすぎだとたしなめる女性介護員もおり，時として被害にあった若い女性介護員が追い詰められる状況になることもある。職場の中で，利用者の性的な行動に対してきちんと対処するという意識を共有しておく必要がある。また，どのように対応するかを女性が多く働く介護の場ではマニュアルなどを作って対応する必要があると考えられる。

第2章 在宅ケアと施設の性的トラブルとその対応法

＜施設事例＞

事例17　感情が高揚している時に胸を触ろうとする

【利用者情報】　男性（77歳）。要介護3。認知症。車椅子で生活。
　　　　　　　家族の面会はほとんどない。
【当事者】　すべての女性職員
【状　況】　利用者がなんらかの原因で感情が高揚している時，女性職員が近づいたり話しかけると，笑いながら胸を触ろうとする。

当事者の対応

① 感情が高揚している時に，女性職員は利用者に近づかないようにする。

事業所の対応

❶ 程度としては，それほど深刻ではないので，利用者の様子を継続して観察することにした。

対応後の変化

・利用者の態度に変化は見られない。

その他の所見

・経過観察して，行為が深刻化したりしたら，対応を検討することに。
・感情が高揚している時は，男性職員が対応するようにし，様子を介護記録に明記しておく。
・フロアの職員が，情報を共有できるようにしておく。ただし，記載方法に配慮をしないと尊厳を損なうことになるので留意しなくてはならない。

事例18　感情が高揚すると非常火災報知器を押す

【利用者情報】　男性（60歳）。要介護4。脳卒中片麻痺，認知症。

61

　　　　　　　元会社経営者。
【当事者】　すべての女性職員
【状　況】　体がカーッと熱くなると，火災報知器を押す。
　　　　　　妻は商工会の女性部の役員をし，面会の回数が少なく，1回当たりの面会時間も短い。
　　　　　　利用者は，時々女性職員の体を触っては叱責されている。しかし，体を触る行為は毎日続いている。

> 当事者の対応

① 女性職員は，利用者の様子を見て，利用者が体を触ろうとする行為を避けるようにしている。
② 時に利用者は，女性職員が行為を避けるような行動をすると，故意に物を破損したりする。

> 事業所の対応

❶ 経過観察をして，体に触る行為が認知症に起因しているのか性格なのかを検討し，行為が深刻化・暴力化してくるようであれば，入所前に担当していた介護支援専門員や，施設の相談員などと検討し，その都合によっては家族と相談して対応を検討することにした。

> 対応後の変化

・体に触る行為の他に，火災報知器の問題もあったため個室に移した。
・個室に移して経過観察していたところ，火災報知器を押す行為も消失した。

> その他の所見

・個室に移すことにより，さまざまな行為が消失したことから，なぜ今まで行為が起きていたのかを考えた時，利用者の情報不足と，施設側の利用者の尊厳を損なっていたのではないかと，大いに反省させられた事例であった。

事例19　太ももに触る

【利用者情報】　男性（84歳）。要介護3。四肢廃用萎縮。老健入所中。
　　　　　　　　妻とは利用者が60代の時に死別。
　　　　　　　　家族は長男夫婦。キーパーソンは長男。
【当事者】　理学療法士（女性，28歳）
【状　況】　ベッドから車椅子への移乗動作の時，当事者の太ももに触る。

当事者の対応
① 利用者の行為について看護師長へ状況報告。その後，看護師長とともに利用者に注意をした。
② 長男へ，今回が他のスタッフ含めて3回目であることを伝えた。

事業所の対応
❶ 移乗動作は男性スタッフに変更。

対応後の変化
・女性職員に対して触ろうとする行為は続いている。

その他の所見
・触られた当事者は2回目であったが，1回目は驚いて言葉にならず利用者に注意をできなかった。また，他のスタッフへ報告はしていなかった。
・利用者の行為を1回目に注意しなかったことが2回目につながったので，情報の共有化を図らなかった当事者にも責任の一端はあったと思われる。
・触る行為がどの程度であったか分析し，利用者と当事者が直接話をせず，相談員などを介して利用者と話を進めることも，今後の利用者とのコミュニケーションを図る上で，必要があったかもしれない。
・入所している間はリハビリを継続するので，行為が続くようであれば

男性職員のみに介護を実施させることとした。男性職員に対して利用者がどのような言葉かけをしてくるか様子を見て，場合によってはベテランの職員に対応させ介護が円滑に進むようにする。
・本事例は，妻を亡くし，その寂しさや恋しさが行為に結び付いていることを，考慮しなくてはならなかったと反省した。

事例20　お尻に触ったり，胸をつかんだりする

【利用者情報】　男性（73歳）。要介護3。認知症。脳梗塞にて左半身麻痺，視力・聴力・発語は問題なし。日常生活は自立。車椅子への移乗は全介助。排泄は感覚があり，昼間はトイレ誘導，夜間は尿瓶にて対応。

【当事者】　介護職員（女性，20代）

【状　況】　ユニットタイプで，全室個室の施設である。夜間の排泄介助中に，若い女性職員に対して，卑猥な言葉かけをしたり，お尻に触ったり，胸をつかんだりする行為がたびたび見られた。
　　　　　　当事者は若く優しい性格のため，利用者に対して強く注意できなかった。しかし，そのような行為が頻回に続くため，当事者は上司の女性職員に相談をした。
　　　　　　当事者は恥ずかしいという思いから，他の職員には秘密にしておいてほしいと上司に訴えた。しかし，上司はいつまでもこんなことが続くと当事者がかわいそうなので，施設長・施設介護支援専門員・相談員に報告した。

当事者の対応

① 直接利用者に注意してもよかったが，利用者の意識がしっかりしているため，信頼関係が危惧された。

事業所の対応

第2章　在宅ケアと施設の性的トラブルとその対応法

❶　施設側もこのような事例が顕在化したことは初めてだったので，家族に報告するか否か担当者会議を開催し検討した。

❷　担当者会議では現状を妻に話し，妻からやんわり注意してもらうこととして，今回の件は様子を見ている段階である。妻も女性の立場としてそのような行為は許せないと言い，施設の言わんとすることは理解してくれた。

❸　（担当者会議を開く前に施設の打ち合わせとして）施設側としては，利用者は契約して入居しているので，このような行動が続く場合は退居してもらうことも考えなければいけないという意見が出た。また，その場ではっきり注意しにくいという意見も出された。1対1の介護なので，はっきり注意することはなかなか現実的には難しいと思われた。

対応後の変化

・妻から行為をやめるよう話をしてもらったので，当該(とうがい)行為はなくなった。
・その後，経過観察中である。

その他の所見

・今回の件で難しい点は，利用者の意識レベルがわりとしっかりしていて，ベテラン職員であれ若い職員であれ，その場ではっきり「やめてください」と注意した職員には当該行為を行わない点である。
・今後の課題として，どのように対応したらいいか，対応方法を研修すること，個室であることから被害が露見しづらいため，何かあればすぐに報告をし，担当当事者を配置換えする等，施設側の職員に対する配慮が不可欠である。
・優しい気持ちを持つ人は，行為をすぐに注意することが難しいので，職員の気持ちを変えるのではなく，担当を変更することで対応したほうがよいと思われる。
・ユニットケアは，施設の収入はふえるが，介護職員に対して，さまざ

まな問題を包含していると思われる。

事例21 あいさつ代わりのお触り

【利用者情報】 女性（80代）。要介護3。認知症。
夫と死別。
【当事者】 介護職員（男性，20代）
【状　況】 男性職員のお尻と股間をなでながら恥ずかしそうに笑う。男性職員と手をつなぐとニコニコして機嫌がよい。

利用者は亡き夫への喪失感から，入所中の男性利用者を夫と思い，付き添って無断離設したり，家に帰れず寂しい思いから施設内をぐるぐる徘徊している。他の女性入所者とは全く馴染めずトラブルで興奮したりする。

当事者の対応
① 最初は驚いたが，軽くやめるように促した。そして，手が出てきたら手をつなぐようにしている。
② 他の入所者と摩擦が起きないように，周囲に言葉かけをして対応している。

事業所の対応
❶ 行為が段々進んできたら，関係者でカンファレンスを開催して，その経過によっては家族に状況を伝えることとした。

対応後の変化
・認知症が進行していることや，その後，行為がそれほど進行しないので，経過観察している。

その他の所見
・施設には女性入所者が多いので，中には男性職員に好意を抱いたり，夫と思い込んだりする場合もあるが，なるべく穏便に対応するように

している。他の女性入所者と摩擦が起きないように誘導することが大切だと思い，今後の課題と考えている。

事例22　キス好き

【利用者情報】　女性（90代）。要介護3。認知症，脳血管障害後遺症(こういしょう)。夫と死別。

【当事者】　介護職員（男性，20代）

【状　況】　男性職員を手招きして呼び，「何ですか」と聞くと，頬(ほお)にキスを強要する。断ると職員の顔や手をつかみ，自分から男性職員の頬にキスをする。

　　　夜，布団に誘導すると「あんたに一緒に寝てほしい」と言う。

　　　骨折後，転倒を繰り返したため，車椅子に抑制されていてストレスがあり，女性職員への介護拒否や暴言・暴力行為がある。しかし，男性職員の言うことは喜んで従う。

　　　脳血管性障害の後遺症が進行し，また，高度な短期記憶障害があり，利用者は50歳のつもりでいる。

当事者の対応

① 認知症がかなり進行していることや，高齢であることから経過観察とした。

事業所の対応

❶ 高齢であることや認知症が進行したことなど，また，男性職員の指示には素直に従うことなどから，経過観察とした。

❷ 年齢が100歳に近いため，とりあえずの対応は男性職員だけとし，軽く受け流しながら介護をするようにした。

対応後の変化

・そのままである。

- その後，間もなく他界された。

その他の所見

- 高齢の認知症の利用者の場合には，その行為や反応を見ながら，対応を進めていくしかないと思われた。

事例23　陰部に触る

【利用者情報】　女性（80代）。要介護3。腰椎の圧迫骨折で車椅子生活。活気があり，認知症なし。

【当事者】　介護職員（男性，20代）

【状　況】　若い男性職員がトイレ誘導などのために近づくと，当事者の陰部を触る。

当事者の対応

① そのまま知らない素振りで介護を続けた。
② 事業所へは報告せず。

事業所の対応

❶ 特に何も対応せず，当事者の個人の対応のみ。

対応後の変化

- 現在も継続している。当事者は不快感を抱いていると思われるが，上司に報告をしていない。

その他の所見

- この事例では，当事者がこのような状況を報告したり問題にしたりはしていない。男性介護職員は被害意識が女性介護職員に比較して少ないとも考えられ，同じ出来事を男性から受ける女性介護職員とは少し異なるのだと思われる。
- 他方，男性介護職員が性的被害を申し立てることが，職員の多数を占める女性からはあまり重要視されていないように思われる。女性の方

が強い被害意識を感じやすいということはあるが，男性介護職員も不愉快に感じていることを考えなくてはならない。
・利用者の精神状態の安定や問題解決のためにも，男性介護職員が状況を申し立て，カンファレンスなどを開催できる環境整備が必要だと思われる。

事例24　通りすがりにお尻や股間(こかん)を触る

【利用者情報】　男性(86歳)。要介護3。認知症。ショートステイ利用者。
【当事者】　男女問わず(全職員)
【状　況】　歩行器で移動中に，椅子などに座っている職員や他の利用者のお尻や股間を触っていく。

当事者の対応
① 　行為をやめるように，はっきり伝えた。

事業所の対応
❶ 　事業所からも，利用者に対して，施設職員や他の利用者への当該(とうがい)行為をやめるように伝えた。

対応後の変化
・行動は変わらない。

その他の所見
・他の利用者に当該行為をしていないか，職員が様子を見守り，声をかけ未然に防ぐようにしている。
・単純にスキンシップを求めているように見受けられるので，声をかけたりスキンシップを図るよう努めている。
・しだいに行為がエスカレートしていくようであれば，担当介護支援専門員や施設内部で検討し，家族に伝えることとした。
・しかし，家族に伝える前に，認知症の進行を考慮していかなくてはな

らない。

事例25　職員の股間(こかん)を触りたい

【利用者情報】　女性（80代）。要介護3。パーキンソン病，腰椎圧迫骨折(ようついあっぱくこっせつ)。1人暮らしをしていたが，8年前より認知症状が出現し，在宅での生活が困難になった。

【当事者】　行為対象者は不特定

【状　況】　コミュニケーションの一環かもしれないが，男女問わず職員の股間(こかん)を触る。
　　　　また，顔や唇(くちびる)を近づけキスを迫ったり，手を握り舐(な)めようとしたりする。

当事者の対応
① 笑顔で紛らわしたり，やめるように話をする。

事業所の対応
❶ 失礼のない程度の距離感を保ち，行為をしそうになる時には，あらかじめわかるので回避するようにした。

対応後の変化
・認知症状もあり，利用者の行動頻度(ひんど)は変わらない。

その他の所見
・認知症が進行しているため止めようがない。
・エスカレートしていくようであれば，担当介護支援専門員や施設でカンファレンスを開催し，対応を検討することにした。家族は無関心のため，家族に伝えてもそのままになるであろう事例であった。

② 職員への言動

＜在宅事例＞

事例26 「陰部を見せてほしい」などの言葉をかける

【利用者情報】 男性（67歳）。要介護4。糖尿病，両下肢切断。
昼間独居(妻，長男夫婦と同居)。

【当事者】 ヘルパー（女性，40代）

【状　況】 訪問する特定のヘルパーに対し，必ずオムツ交換の前に，「○○○を見せてくれ」「パンツは何色……？」と言葉をかけ，ヘルパーの表情を見て楽しんでいる。

当事者の対応
① 「その質問には答えられない」「訪問できなくなる」と，はっきり伝えた。

事業所の対応
❶ 担当介護支援専門員に相談し，長男に利用者の行為について伝えた。なお，利用者には長男から，わいせつな言葉かけをしないように伝えてもらった。

対応後の変化
・言動はおさまったが体に触れてくる行為が出てきた。
・しだいに，行為がエスカレートしてきたため，再度介護支援専門員へ伝えるも改善せず。やむをえず，サービス中止とした。

その他の所見
・介護支援専門員（男性）と利用者との関係が悪く，また，家族の協力も得られず，話が進まなかった。
・派遣するヘルパーの年齢を利用者より年上にするとか，男性にするとか他に方法があったのではないかと反省する点もあった。
・このような場合には，事業所として対応のしようがないので，他事業所へ変更してもらうか，地域包括支援センターや市町村の介護保険課へ相談することも一方法かとも思われた。

事例27 「抱っこをしてほしい」とせがむ

【利用者情報】　男性（80代）。要介護4。認知症。
　　　　　　　　妻と死別。娘家族と同居（日中独居）。
【当事者】　訪問介護員（女性，40代）
【状　況】　訪問介護員が訪問すると，「あんた，だんなさんはおるのか？」と聞き，「抱っこをしてほしい」とせがむ。
　　　　　訪問介護員が清拭をする時に，陰部を触ることを要求する。
　　　　　しかし，上下肢ともに筋力低下で，利用者はそれ以上自分からは何もできない。

当事者の対応
① 利用者に「そばに風俗店がたくさんあるから，そこのお姉さんに出張して来てもらいましょう。お金がいるから，私から娘さんに相談する」と告げたところ，普段は認知症なのに，その時ばかりは正気に戻り「娘に言ったら，いかん」と言われた。

事業所の対応
❶ 事業所から介護支援専門員に行為や言動を伝え，介護支援専門員から娘へ行為を伝えた。なお，直接訪問介護員に触ることはないので，利用者には何も言わないように介護支援専門員にお願いした。

対応後の変化
・利用者からは言葉だけで，訪問介護員からはそれ以降，苦情がないため，そのままとした。
・その後，病気が進行し利用者から以前のような言動がなくなった。

その他の所見
・妻と死別し寂しかったのかもしれない。
・また，上下肢とも不自由だったことや妻と死別したことで，欲求不満があったのではないかと思われた。寂しい最期だったので，この対応

第2章 在宅ケアと施設の性的トラブルとその対応法

がよかったのか，検討課題として残った。

事例28 性的言動がエスカレートする

【利用者情報】 男性（80代）。要介護3。在宅酸素療法中。

利用者は，自動車工場勤務から会社経営にまで成功している。60代の頃に労災で人工膀胱（ぼうこう）となり身体障害者になる。

1人暮らし（妻と5年前に死別）。近くに長男夫婦が住んでいる（長男とは疎遠（そえん））。長女は遠方のため年に数回の訪問のみ。長女からの情報では，利用者は20代から家政婦などにセクハラまがいの行為があったとのこと。何度注意しても利用者の行為は繰り返されるので，家族は見て見ぬふりをして長年過ごしてきた。

【当事者】 訪問介護員（女性，50歳），介護支援専門員（女性，45歳），訪問看護師（女性，30歳）

【状況】 （訪問介護員） 訪問時に，「以前，訪問していた訪問介護員と付き合っていた」と自慢気に言う。

後ろを向いて家事作業中に後ろに来て，自分のズボンを下げ，「あんたのあそこを見せて！」と訪問介護員のエプロンを外そうと今にも手をかけようとすることが何度もあった。「やめてください」と拒否すると，いきなり胸をつかんだりしてきた。

（介護支援専門員） 毎月訪問するとわいせつな行動をすることはないが，訪問介護員に対する行為と同様なわいせつな言葉を頻繁（ひんぱん）に発する。

（訪問看護師） 訪問時には，ベッドに横になって，わいせつ

なアダルトビデオを大きな音量で観ている。
　訪問看護師は入浴介助と人工膀胱部の創部処置等を行う。「まだ，若いからあっちの方は元気なんだけどな」など言葉では言われたりするが，軽く受け流して見過ごすようにしている。
　訪問看護師には，それ以上エスカレートした言動はない。

> 当事者の対応

（訪問介護員）
① 胸をつかまれた時には，「これ以上同じようなことをされるなら，もう訪問しません」と拒否した。

（訪問看護師）
① 「お話しさせていただいていますので，テレビを消してください」と注意した。説明の途中でわいせつな言葉を発し，説明が中断することがあった。
② 看護専門職として対応を行っていく。なるべく自分でできることは自分で行うように指導していくことで，依存的にならないようにした。

> 事業所の対応

（訪問介護事業所）
❶ 肌が見えないような上着の着用とエプロンをしっかり締めて業務にあたること，また，利用者の言葉にいちいち反応しないように指示した。

（居宅介護支援事業所）
❶ 自宅での生活で訪問系サービスの利用だけではなく，通所系サービスや同年代の男性が集う場所への参加を考えた。

> 対応後の変化

・利用者は，「デイサービスは老人ばかりだから嫌だ」と通所系サービスを拒否。

・訪問介護を朝と夕の2回（毎日），訪問看護を週1回，サービスを導

入している。
- 訪問介護員の担当を60代に交代したところ，ズボンを下ろしたりすることはないが，「自分が若かった頃は，夜は盛んだった」などと自慢げに話したりする。
- 女性介護支援専門員から男性に変更。その後，わいせつな話が会話の中には出てくるが，「そうでしたか」という男性介護支援専門員の対応で行為はおさまっている。
- 訪問看護師の担当を変更したが，同様の対応で，特にエスカレートすることはない。

その他の所見

- 利用者は，人を見て判断し，言いやすい人をターゲットに絞っている様子がうかがえた。
- 認知症ではなく頭がはっきりしている本事例のような人たちへの対応は工夫しないといけない。
- 本事例以降，今後の参考にするため記録を詳細に残すことにしている。

事例29　頻繁に性的な発言をする

【利用者情報】　男性（70代）。要介護4。脳梗塞後遺症，右片麻痺，寝たきりの生活。

20歳年下の妻と2人暮らし，子どもはいない（先妻との間に子どもがいるが交流なし）。妻は人工透析を受けている。

若い頃は転勤が多い職についていて，その時に妻と東京で知り合う。一度離婚しているので結婚するつもりはなかったが，今の妻の両親から結婚するように言われて結婚。結婚後は，妻との仲は冷え，同居人といった感じ

である。
【当事者】　介護支援専門員（女性，40代），訪問看護師（女性，30代），訪問介護員（女性，50代）
【状　況】　（介護支援専門員）　訪問時，「毎日の生活の中で楽しみはありますか」と聞くと，たびたび，「楽しみはソープランドに行くこと」と言う。

また，「子どもは何人いる？　ご主人とは週に何回やるの（一緒に寝るの）？」と聞いてくる。話題を変えても，「あんたと，一緒に寝てみたいな」と言う。

利用票を確認するために，利用者に説明をするが，文字が細かいため，どうしても身体や顔が近づくことになるが，とてもいやらしい雰囲気なので近づいて説明をしたくない。
（訪問看護師）　入浴介助の場面で，頻回に性的な言葉を発する。「あんたと性的な行為をやりたいなぁ。一緒に裸になって入ろう」と言う。

洗身時，麻痺がない左手で自分の陰部を洗うように促しても，「洗ってほしい」と必ず自分で洗うことを拒否する。適当に話をかわしているが，性的な発言が入浴介助中ずっと続き，やめようとする気配がない。

言葉が過ぎる時には，きつく発言を制止するが，利用者は聞く耳を持たないといった感じである。
（訪問介護員）　訪問介護が入る時には，妻がそばにいるためか性的言動はなく苦情はない。

当事者の対応

（介護支援専門員）
① 適当にあしらいながらケアマネジメントを進めたが，接することが苦痛な時間であり，利用票の説明を一通り行い，早々に切り上げた。

(訪問看護師)
① 「ご自分でできることはご自分で行ってください」と話すのがやっとであった。

事業所の対応
(居宅介護支援事業所)
❶ 利用票をわかりやすく説明するために，用紙をＡ４からＡ３に拡大し，介護支援専門員が利用者に顔を近づけなくてもよいようにした。
❷ また，妻が同席できる曜日と時間を選んで介護支援専門員を訪問するようにさせた。

(訪問看護事業所)
❶ 50代後半の訪問看護師に交代。
❷ 浴室という狭い場所で１対１のケアとなるために，若い看護師にとっては，非常に苦痛な時間であった。担当交代後，若い看護師の新たな担当を決める場合には，女性利用者の担当にするなど配慮している。

対応後の変化
・介護支援専門員が妻の在宅時に訪問するようにしたところ，妻がいる時には何も言わなくなった。
・訪問看護師を交代したが，「何であの若い看護師じゃないんだ。つまらんな」と言いながら，同様なわいせつな言葉を発する。しかし，訪問看護師は相手にせず，淡々と入浴介助をこなしている。「(陰部を)洗ってくれ」とは言うが，「ご自分でどうぞ」とタオルを渡すと，自分で洗っている。

その他の所見
・介護サービス担当者の反応を見て，わいせつな言葉を発していることが明らかではある。
・妻との関係を回復することが難しいことや，担当を交代すればよいという問題でもないので，何らかの方法を考えることが必要になると考

えている。
・あまり問題行動がエスカレートしていくようであれば，医師に相談しなくてはいけないかもしれない。

事例30　入浴中に「陰部を洗ってくれ」と言う

【利用者情報】　男性（80代）。要介護3。脳梗塞後遺症，左片麻痺，認知症軽度。
【当事者】　訪問介護職員（女性，30代）
【状　況】　入浴介助中に「陰部を洗ってほしい」と言われる。

当事者の対応
① 冗談っぽく「自分でできるでしょう」と言ってタオルを渡した。

事業所の対応
❶ 利用者にかかわっている介護職員全員に事実関係を確認した結果，「洗ってくれ」と言うだけで，これ以上行為や言動がエスカレートする様子がないため，介護職員間での共通理解として，当事者の対応と同じような態度で臨むよう確認がなされた。
❷ 本事業所では，受け持ち制ではあるが，受け持ちだけが訪問をするシステムではなく，不都合がない限り，1人の利用者に対して複数の介護職員がかかわるようにしている。

対応後の変化
・変化なし。

その他の所見
・利用者の変化は見られないが，エスカレートすることはなかった。
・在宅介護では単独訪問で，密室でのケアであるので，本事例のようなことが続けば介護職員のストレスは大きくなる。
・在宅において同様の事例は少なくない。「いやらしい利用者だが，認

第2章 在宅ケアと施設の性的トラブルとその対応法

知症であるから仕方ない」という認識ではなく，高齢者の性を理解した上で，同一態度で臨むことが重要である。場合によっては単独ではなく複数で訪問する必要性も検討しなくてはならない。

事例31 「自慰(じい)行為を手伝ってほしい」

【利用者情報】 男性（68歳）。要介護5。認知症なし，脊椎性進行性筋(せきついせいしんこうせいきん)萎縮症(いしゅくしょう)（四肢麻痺(ししまひ)）。
成人してからほとんど病院や施設で生活していた。介護保険制度が始まり，それまでの特別養護老人ホームから在宅生活を希望したため，現在は1人暮らしで生活全般に支援を受けている。

【当事者】 訪問介護員（複数女性，40～50歳）

【状況】 訪問介護員が清拭(せいしき)をする時，「陰部がかゆい」と話して，丁寧に洗うように求め，さらにマスターベーション（自慰行為）を手伝ってほしいと希望する。介護職員が断ると，次の訪問の際に何かと些細(ささい)なことに文句をつけ訪問を断るため，事業の支援体制に支障が出る。

当事者の対応

① 四肢麻痺状態で，訪問入浴を利用せず毎日の清拭のみなので，かゆいと言われると丁寧に清拭を行うが，要求を断ると「〇〇の仕方が悪い」などと利用者から事業所と介護支援専門員へ苦情を言われる。

事業所の対応

❶ 年配の訪問介護員で，利用者から信頼を受けている人に担当を代え，うまくかわすなどの対応を行う。

対応後の変化

・介護支援専門員は訪問入浴を勧めるが拒否された。

79

・訪問介護員を年配者に変更後，行為がなくなった。

その他の所見

・施設等の生活が長く，社会性がないために，うまく処理できない例だと考えられる。
・性に関する問題は誰でも起こりえることである。本事例の利用者は四肢麻痺状態で，自分では処理できない性的問題は今後も起こりえることで，今後どのようにかかわるべきか悩む事例であった。
・よりQOLの向上を目指した介護サービスを実施する上でも，若い障害者に関する同様な事例などを文献で検索し，共通理解として研鑽を積んでいきたい。
・今後起こりえる若年障害者の性の問題も勉強していかなくてはならないと痛感した。

事例32 「ラブホテルへ行ってほしい」

【利用者情報】　男性（70代）。要介護2。糖尿病，白内障。
　　　　　　　1人暮らし。妻は施設入所している。
【当事者】　訪問介護員（女性，30代後半，訪問介護経験1年2ヵ月）
【状　況】　訪問介護サービスで通院介助を月2回利用。タクシーを利用して通院している。

　いつも通り，訪問介護員がタクシーに同乗し病院に向かう際，いきなりタクシーの運転手に向かい「近くのラブホテルに行ってほしい」と言う。

　訪問介護員と運転手が「そんなこと言わないように」と言うと車を停車させ,怒ったように「降りて病院へ歩いて行く」と言う。

当事者の対応

① 「そんなことを言われるのなら帰りますよ」「ちゃんと病院に行きましょう」と言って病院に向かった。タクシーの運転手も「訪問介護員さんを困らせたらダメですよ」とうまく話して病院に向かってくれた。

| 事業所の対応 |

❶ 報告を受けたサービス提供責任者が利用者宅を訪問し、「次にこのようなことがあったら男性ヘルパーに変更しますよ」と伝える。

| 対応後の変化 |

・サービス提供責任者の言うことは聞くようで、その後は何も報告はない。

| その他の所見 |

・以前からも「〇〇さんのことが好き」「もっと若かったら妻と離婚して結婚したい」「今度ホテルへ行こう」などの言葉はあったようだが、タクシーを停車させるような強引なことはなかった。そのため、訪問介護員はあまり本気にせず事業所へは報告をしていなかった。
・報告の必要性を登録ヘルパーに喚起したい事例であった。
・同時に、利用者の年齢がまだ若いので訪問介護員にほのかな恋心を抱いていたかもしれない。利用者の恋心の持ち方などの研鑽の必要性を感じた。

事例33 「お尻を触らせてほしい」

【利用者情報】 男性（70代）。要介護3。認知症、パーキンソン病、脳梗塞。疾病等で身体機能の低下が進み、日常生活動作にも支障を来たしている。
商家に婿養子に入り、長年妻に仕えてきた。
息子家族と2世帯住宅で暮らしている。妻は外交的で外出することが多いため、日中は1人で家で過ごしている。

【当事者】 訪問介護員（女性，40代）
【状　況】 訪問介護員が訪問し居室を掃除機で掃除中，背後からそっと近づいて1万円札を出し，「これでお尻を触らせてほしい」と言う。

当事者の対応
① 尊厳を傷つけることなく，やんわりと「そういうことに応じることはできない」と告げる。
② 同じ行為が続いたので，事業所に伝えた。

事業所の対応
❶ 当事者より報告を受け，担当介護支援専門員へ連絡し，介護支援専門員から，直接，利用者に行為をやめるように伝えてもらった。
❷ その後，利用者より「家族に話さないでほしい」と懇願され承諾する。

対応後の変化
・その後，特に問題はなく，行為はおさまった。

その他の所見
・本事例では，介護支援専門員が利用者の生活上の経緯を熟知していたため，家族に話すことなく終息した。
・言動について他には言えないような内容であり，その人の尊厳や人格にも影響を及ぼすことなので，利用者のことを熟知していないと対応が難しい。
・パーキンソン病の治療薬の中には，性的刺激を惹起する薬剤もあると言われているため，時にはその薬の副作用に詳しい医師や主治医と相談しなくてはならないこともある。

事例34　体に触れることを求める

【利用者情報】　男性（73歳）。要介護3。認知症。歩行は伝い歩き。

第2章　在宅ケアと施設の性的トラブルとその対応法

　　　　　　同居家族はいるが日中は1人。
【当事者】　訪問介護員（女性，40代，訪問介護経験2年）
【状　況】　業務としては，入浴介助，清拭（せいしき），陰部洗浄などを行っている。トイレ介助の時に，利用者は必要以上に体に触れること（陰部洗浄など）を求めた。
　　　　　　「一緒に入らないなら風呂（ふろ）に入らない」など言葉によるからかいもあった。

当事者の対応
① 「入らないと汚れてしまいますよ。いい男が台無し」と明るく冗談（じょうだん）で対応した。

事業所の対応
❶　行為を受けたのは，当事者だけではなかったので，利用者の担当介護支援専門員に連絡し，利用者に注意をしてもらった。
❷　利用者には，当事者から「同じようなことをするなら担当を外れてもよい」と伝えた。

対応後の変化
・利用者に注意をしたところ，訪問介護員の態度に合わせて行動するようになった。
・その後施設に入所したため訪問中止となった。

その他の所見
・利用者はすごく寂（さび）しいのかもしれない。また，当事者は，上記のような対応によって利用者が傷ついているかもしれないと反省した。事前に利用者が性的行為をとるなどの情報があれば自分なりに注意することができたと思われた。
・介護支援専門員や事業所と情報を共有できなかったことが反省点だった。

事例35 「泊まってほしい」

【利用者情報】 男性（90代）。要介護1。歩行可能。
同居家族はいるが認知症の妻は入院中。
【当事者】 訪問介護員（女性，40代，訪問介護経験2年）
【状　況】 入浴介助，清拭（せいしき），掃除のケアが終わって帰る時に泊まっていくよう言われ，「胸を触らせて」とも言われた。
訪問介護員の体を興味の目で見たり，性的体験を聞き，からかいの言葉をかけてきた。

当事者の対応
① これらの行為に対して，さりげなく流し，冗談（じょうだん）やユーモアで応じた。
② 高齢になっても性に対しての要求があることを知るとともに，どうしてこのような行為をしてくるのか，訪問介護員を人間的に低く見ていて何をしてもよいと思っているのかと，怒りの感情と利用者への拒否的な感情を抱（いだ）き，同時にやるせない気持ちになった。

事業所の対応
❶ 当事者へは「嫌なら担当を外れてもよい」と伝えた。
❷ 利用者への対応は特に何も言わなかった。

対応後の変化
・その後の変化は特になし。

その他の所見
・高齢者にも性欲があるという前提のもとに接しないと，性的に刺激することがある。
・研修等でそういうケースがあるといった知識を持っておくことが必要である。
・高齢者，特に男性の中には，性的な話をすることで相手と親しくなったという誤解や，会話が弾んでいる，喜んでいるなどといった誤った

思い込みをする人がいる。
・親身になってケアすると，利用者は，自分に好意を持っていると錯覚してしまうので，言動に配慮・工夫が求められることを痛感した。

＜施設事例＞

事例36 「陰部がかゆい，掻(か)いてくれ」と言う

【利用者情報】　男性（80代）。要介護1。脳梗塞後遺症(のうこうそくこう いしょう)。
　　　　　　　　入院中。
　　　　　　　　妻と息子の3人暮らし。
【当事者】　施設介護職員（女性，30代）
【状　況】　陰部がかゆいと訴えあり。「手が届かないから掻いてくれ」との要望に対し，はじめは対応した。
　　　　　しかし，何度もナースコールでスタッフを呼び，同じような要求をしてくる。

当事者の対応
① はじめは要望に対応した。
② 何度も要求があることから，孫の手を貸し出しし，自分で掻くように説明した。

事業所の対応
❶ 申し送りで職員全員に周知し，対応方法についてスタッフは統一した対応をした。

対応後の変化
・対応を変更してからは特に訴えはなくなる。

その他の所見
・なぜ，そのようなことを再々要求してくるのか。また，要求されるスタッフの年代はいくつくらいであったか。分析して今後の参考としたい。

- どうしても，若いスタッフはからかいやすく，その反応を見て楽しむ利用者もいるので，情報の共有と，その対応を検討したい。
- 同時に，高齢者の性について，勉強する文献や研修会が望まれる。

事例37 「性行為をさせてほしい」

【利用者情報】　男性（86歳）。要介護3。老人性認知症（軽度）あり。妻は他界（自宅で倒れ息を引き取った）。突然の死別に寂(さび)しさがある。

【当事者】　施設介護職員（女性，20代）

【状　況】　対応する職員に手を伸ばして体を触ろうとする。
　　　　　「胸が大きいな，少し近くに来て触らせてくれ」「1回（セックスを）やらせてくれ」と必要以上に迫ってくる。
　　　　　言われた言葉に赤面した職員を見て楽しんでいる。

当事者の対応
① 伸ばしてくる手をかわしながら別の話題に切り替えをする。
② 受け答えはするが，会話が途切れそうになると手を伸ばしてくるので，他の職員へ相談した。

事業所の対応
❶ 行為が，特定の介護職員か，その頻(ひん)度(ど)はどの程度かなどの情報を収集し，利用者の担当職員・相談員を加えケア・カンファレンスを開催し対応を検討した。
❷ 対応する介護職員を男性中心に変更し，男性介護職員から利用者に，女性介護職員への性的感情に関する会話のデメリットを，機会があるつど伝えた。

対応後の変化
- 効果があり，女性介護職員への行為はほぼなくなった。

その他の所見

- 女性介護職員が男性へ対応する時には，服装や化粧にも配慮しなくてはならないが，全員同じ服装ではあまりに寂しい。
- 一律に決め付けるのではなく，対象者の行為の内容によって，女性らしい対応の工夫も必要であろう。
- 昨今，女性高齢者に化粧を施すことがQOLの向上に寄与すると見聞きするので，入所者の女性らしさ男性らしさも尊重したい。

事例38　「どうして抱いてくれないの」

【利用者情報】　女性（80代）。要介護3。認知症。
　　　　　　　夫と死別。
【当事者】　施設介護職員（男性，30代）
【状　況】　深夜，介護職員が詰め所で仕事をしていると，戸の隙間から利用者がのぞいている。

そこで，何か訴えか話でもあるのかと思い，訪室した。

そうしたら，「今日は安全日だから抱いてほしい」「私の操（みさお）は誰にも捧げていないの」と，切々と訴えてきた。そこで，話題を変えて話をそらすと，さらに強く言い始め，「どうして抱いてくれないの」と機嫌が悪くなった。

後日，介護職員が他利用者の世話をしていると「私達の家に別の女を飼って浮気している」と言い，入浴介助では「あなたも服を脱いで」と介護職員を裸でホーム中追い回した。

尿失禁（しっきん）したリハビリパンツの交換を手伝うと「これはあなたを迎えるために濡（ぬ）れた」と言う。

当事者の対応

① 認知が進行しているため，話題を変えたり，「後でね」と言って対

応した。

事業所の対応
❶ 認知症が進行しているため,そのつど話題をそらすこと,他の職員に対応させることなどで対応した。

対応後の変化
・認知症の進行で,しだいに行為が消失した。

その他の所見
・認知症になると,感情的な抑制ができなくなるため,その時々の対応となる。
・行為について,同フロアの全職員で,共通認識し対応を図るしか手立てはないと考えている。
・最後まで残るのは性欲と食欲である。それを忘れることなく,最期まで看てあげたい。

③ 職員への特別な感情

＜在宅事例＞

事例39 相談員を「だんなさん」と呼ぶ

【利用者情報】 女性(年齢不明)。要介護3。認知症。
　　　　　　　ADL自立。
【当事者】 相談員(男性,年齢不明)
【状　況】 利用者の以前の職業は教師で,とても几帳面な性格。70代後半頃から物忘れをするようになり,家族の名前が言えなくなる。また,妄想から息子の嫁にきつく当たる等の症状が出現したため,デイサービスの利用となる。
　　　　　この時面接を行った相談員をとても気に入り,デイサービスの利用を順調に続けていた。

当初は，相談員のことを「お兄さん」と呼んでいたが，回数を重ねるごとに「私のだんなさん」と言い始める（夫は5年前に他界）。「お兄さん」から「だんなさん」になった経緯は定かではないが，その頃から認知症の問題行動を息子に厳しく注意され，情緒が不安定になることがあった。

相談員のことを「だんなさん」と呼ぶようになってから，相談員が他の女性利用者と関わることに対して強い嫉妬が見られ，他の女性利用者に対して暴言を吐き口論になることもあった。また，女性スタッフに対しても同様に嫉妬し，介護拒否やその場から出て行く行動が見られるようになった。

当事者の対応

① 当事者としてさまざまな対応を考えてみたが，手に負えなくなったので，関係者とカンファレンスを開始して対応を検討した。

事業所の対応

❶ はじめは，相談員と利用者の2人だけで過ごすようにしていたが，しだいに他の介護職員も加わり，一緒に行動することにした。同時に，一緒に過ごす時間を短縮していった。

❷ 利用者の相談員に対する気持ちが一向に変わらないため，施設内でカンファレンスを行い，相談員と利用者の距離を置くという案も出た。しかし，逆効果になると考えられたため，定時に相談員と利用者が一緒に過ごす時間を作ることにした。内容としては，14時から30分ほど散歩に行ったり，利用者の好きな塗り絵を一緒に行ったりして，できるだけ利用者が満足できるようにした。

対応後の変化

・1ヵ月ほどすると他の介護職員に対しての介護拒否は少なくなり，また相談員が他の女性利用者と関わってもあまり怒らなくなった。相談員のことを「だんなさん」と呼ぶことは変わらなかったが，情緒は安

定し，穏やかに過ごすことが多くなった。

その他の所見

・カンファレンスでは，「相談員と一緒に過ごす時間をつくることで相談員に負担がかかりすぎるのではないか」また，「エスカレートしたらどうするのか」と議論がされたが，相談員が協力を申し出たのでよかった。
・今後このような事例が起きた場合，今回のような対応がいいのか，難しい選択を迫られることになるかもしれない。

事例40　老いらくの恋を利用した職員

【利用者情報】　男性（60代）。要支援。肺結核（既往(きおう)）。
　　　　　　　　訪問介護（生活援助）週2回。
　　　　　　　　1人暮らし（妻とは死別），娘が1人いる。
【当事者】　介護職員A（女性，20代），介護職員B（女性，50代）
【状　況】　介護職員Aに対し，利用者からプレゼント攻撃が始まり，しだいに高額なものになっていった。しかし実情は，介護職員Aがブランドのハンドバッグを利用者におねだりし，購入してもらうことを繰り返していたようだ。

　そのことを把握した事業所は，介護職員Aと利用者に注意をしたが，その後も同様な行為が続いた。利用者は，かなり寂(さび)しがり屋で，誰かに依存せずにはいられない性格のようであった。

　どんどんエスカレートし「指輪を買ってあげる」と利用者が結婚を迫るようになった。そしてある時，仕事中に介護職員Aの後ろから利用者が抱きついてきたため，担当を介護職員Bと交代することになった。その後，介護職員Bからは同

様の報告はなかった。

後日，利用者は，「介護職員Aがプレゼントを受け取っていたため，本気で恋愛感情をもっていた」と，介護支援専門員に語っていたと報告があった。

当事者の対応
① 介護職員Aは何もせず，介護職員Bは金品の提供を断った。

事業所の対応
❶ 事業所が金品の提供の事実を把握し，介護職員Aに対して金品を要求しないこと，また，利用者には，提供しないよう厳重に注意したが，陰で双方の行為は続いた。

❷ 双方の行為が治まらないため，介護職員Aが利用者に抱きつかれたのをきっかけに，他のベテラン介護職員Bに交代し，金品の提供があっても断るように話した。

対応後の変化
・ベテランの介護職員Bは金品の提供があっても相手にしなかったところ，上記のような行動はおさまった。

その他の所見
・利用者から金品の提供があった場合の介護職員の取るべき態度を，しっかりと教育すべきだと痛感した。また，恋心を抱いた利用者を金づるにし，金品を要求した女性の方を怖いと感じた。
・今後，このような事例が起きることのないように，適時，管理者や介護サービス提供責任者などが出向いて，利用者の様子をうかがうことにした。

事例41　色恋沙汰も金しだい

【利用者情報】　女性（80歳）。要介護3。認知症。

介護サービスは通所介護を週5回,訪問介護（生活援助）を週5回受けている。

1人暮らし（夫とは死別），娘が4人。

【当事者】 通所介護職員（男性，30代）

【状　況】 利用者は，デイサービスの男性介護職員を気に入り，いつもその職員のそばをついて回っている。その職員が他の女性利用者の介護をすると利用者は嫉妬心をあらわにし，あとで他の女性利用者に対して嫌がらせをする。嫌味を言うばかりでなく，ぶつかる，小突くなどで，その嫌がらせの程度がひどく，他の女性利用者の家族からも苦情が出た。

そのため，利用者の見ているところでは，その男性職員は他の女性利用者への介護ができなくなった。

当事者の対応

① 利用者に注意をすると大声を出し抵抗するので，利用者の見える場所では男性利用者にのみ対応し，利用者から見えない場所では女性利用者にも対応することにした。

事業所の対応

❶ 利用者の興味を他に向けるように仕向けた。利用者の娘さんたちと話をしているうちに，一番執着を示すものは「お金」であるとわかり，早速，対応策を考えた。

対応後の変化

・利用者は，デイサービスへ仕事に来ていると思い込んでいるので，折り紙折りや色分けなどの「仕事」を与えたところ，利用者は賃金を稼ぐために「仕事」に熱中し，男性職員から離れる時間が増えた。

・しだいに，職員への興味が薄れてきたため，その職員は他の女性利用者にも対応できるようになった。

その他の所見

- 本事例の利用者にとり，お金は恋愛よりも魅惑的なものであったようだ。
- 認知症の症状で，上記のような行為が出てきたのか，それとも元来，そのような性格だったのか，検討がのぞまれる。
- 老いても「金がほしい」とか「家には金がない」とか「銭は出せん」などと言う人は珍しくない。そして「老後のために，金を貯めないかん」とも言う。

事例42　女性職員へのラブレター攻撃

【利用者情報】　男性（60代）。要介護1。脳梗塞，右片麻痺。
　　　　　　　　生活保護を受けている。
　　　　　　　　1人暮らし。
【当事者】　介護職員（女性，20代）
【状　況】　利用者から当該職員に，毎日2～3通の葉書が送付され，恋愛感情を表した詩や性行為を連想させる内容が記載されていた。

当事者の対応
① そのまま放置していた。

事業所の対応
❶ 職員の配置転換を行い，利用者と接することがないようにした。
❷ 利用者が他の職員に当該職員に関することを聞いていたが，施設として明確な返答をしないよう情報の共有を図り対応した。
❸ しかし，執拗に当該職員に関することを他の職員から聞き出そうとする行為が見られたため，担当の介護支援専門員に行為の内容を伝えたところ，「他の施設でも同様の問題を起こしたようです」との返事があった。そこで，介護支援専門員から，利用者に葉書を差し出した

りするような行為をしないように伝えるよう依頼した。

対応後の変化
・注意しても行為は続き，当事者のことを聞き出そうとしていたが，誰も相手にしないのであきらめて聞かなくなった。
・その後体調悪化にて入院し，サービス中止になった。

その他の所見
・契約時に介護支援専門員から，利用者の状態（精神状態を含む）についての情報提供不足があったことは，とても残念であった。
・本事例を通して，今後，利用契約に際して，事前の状況確認の徹底と情報の共有を図り，早い対応がとれるようなマニュアルの作成の必要性を痛感した。

＜施設事例＞

事例43　メイクアップがトラブルの原因に

【利用者情報】　女性（70代）。認知症。ＡＤＬ自立。
【当事者】　介護職員（男性，20代）
【状　況】　利用者は，入所後，自室で過ごすことが多く，他者との交流もなく，行事にも参加しない。職員が行事などに参加するように言葉かけをしても参加を拒否。施設側からさまざまな試みをしたが拒否し，認知症が進行してきた。
　　　　　　ある時，高齢者のメイクアップ教室を開催したところ，メイクの先生が帰られてから，その先生が「自分の持っていたメイク用品を持って帰った」と被害妄想(もうそう)を起こした。
　　　　　　また，メイクをしたことで女性として目覚めたのか，ある男性の職員に対し，最初は「お兄ちゃん」と呼び息子か孫と間違えているように思えたが，その男性職員が介護で声かけ

第 2 章　在宅ケアと施設の性的トラブルとその対応法

をすると「ねえ，ねえ」と甘えた口調になり，その職員のあとをついて回り離れなくなった。

>　当事者の対応

① 当面，様子を見守りながら，利用者に介護拒否が見られる場面では，他の男性職員の力を借りることにした。

>　事業所の対応

❶ 一日中，当事者のあとをついて回るため，当事者は業務を行うことがなかなかできないので，周囲の職員がフォローをしていくことにした。

>　対応後の変化

・認知症が進行しているため，見守りを続けていく。

>　その他の所見

・メイクアップを通して会話する場面や，行事などに参加するように勧めていくことも，認知症の進行を遅らせる効果があるのではないかと思われた。
・メイクを通して認知症の進行を抑える効果はあったかもしれないが，それが異性への思い入れにつながり，トラブルが起きないように注意しなくてはならないと勉強になった。

事例 44　男性職員へのラブレター攻撃

【利用者情報】　女性（70代）。要介護1。脳梗塞後遺症（のうこうそくこういしょう）。
　　　　　　　施設入所中（老人保健施設），入所前は娘と利用者の2人暮らし。
　　　　　　　30代で離婚。

【当事者】　事務職員（男性，20代）

【状　況】　男性事務職員に，毎日のように手紙を書く。その数は数十通にもおよび，最終的には結婚を迫ってきた。

手紙の文面は,「好きです」という言葉が何十回も書かれていたが,最終的には「結婚してほしい」とあった。また,事務所へ職員に再三会いにくるようになった。

当事者の対応
① 手紙は毎回受け取り,丁重に毎回断った。

事業所の対応
❶ 認知症が進行しているため経過観察とした。

対応後の変化
・特に変化なし。その後,入所期間満了にて転所先の施設へ移った。

その他の所見
・男性に対しての行為は,女性に対する行為と比べ重視されていないが,今回はあまりに頻度(ひんど)が多かったため,対応に苦慮した。
・男女でも恋愛感情は同じだと実感した。

事例45　恋心から自殺を図る

【利用者情報】　女性（76歳）。要介護2。認知症。
　　　　　　　介助は必要だが,歩行,着替えなど自立していることも多い。
　　　　　　　グループホーム入所前は長男夫婦と同居,夫は特別養護老人ホームに入所中。
【当事者】　介護職員（男性,20代,経験2年半）
【状　況】　利用者は,グループホームに入所中である。
　　　　　　男性介護職員に恋心を抱き,しだいに結婚願望が強くなる。当該(とうがい)職員が出勤の日は,化粧をして出勤を待ち,服も華やかな色彩のものを選び,若い子のようになる。さらには当該職員が他の女性入所者や女性介護職員と会話をすると機嫌が悪

くなり感情のコントロールができなくなる。

恋愛感情の行為がしだいにエスカレートし，当該職員の手を握って離さなかったり，「みんなの前でキスしてほしい」「今夜一緒に寝たい」などの言動を繰り返し，時や場所を構わず職員の下半身を撫でるなどの行動が出現してきた。

そこで，カンファレンスを開催し，ホーム長が家族へ連絡をした。

その結果，家族が自宅で介護することになり退所となった。自宅に帰ってすぐに「みんなが私たちの仲を切り離した。（当該職員との間にできた）お腹の子と一緒に死にます」という内容の遺書を書いて，川に投身自殺を図ったが，すぐ近所の方に発見され救助された。

当事者の対応

① 最初は若い子に対するようなフレンドリーな言動で対応していたが，それがかえって恋心を抱かせる原因となっていたかもしれないと考えた。しだいに女性職員や女性利用者へ嫉妬心を抱き，手が出るようになったので，なるべく毅然とした態度で臨むように試みた。

② その利用者に対し，接する時間を少なくし，なるべく離れるように努めた。

事業所の対応

❶ 当事者のストレスがしだいに強くなったため，担当ユニットを固定し，当事者が利用者と接触しないような配置にした。

❷ 同時に長男夫婦と話し合い退所とさせていただいた。家族から「反対にご迷惑をかけて……」との言葉が寄せられた。

❸ 施設として，対応が正しかったかどうか反省点は多い。

対応後の変化

・その後，利用者は体調を崩し，しばらく病院に入院となった。

・現在は，夫と同じ特別養護老人ホームに入所している。

その他の所見

・認知症の高齢者の介護に従事する場合，男性，女性にかかわらず利用者が異性に抱く恋愛感情に対し，どのように対応したらよいのか，研修をする場がほとんどないため，参考書や資料，講習会などの機会が欲しい。

事例46　アルツハイマー型認知症の恋愛妄想(もうそう)のケース

【利用者情報】　女性（78歳）。介護度なし。認知症。
　　　　　　　ケアハウス入所中
【当事者】　元職員（男性，60代）
【状　況】　平成12年ケアハウスに入居。平成17年頃から，毎日のように当該職員に対しお菓子等を持って事務所まで来て長時間にわたり話をする。話が終わった後も，なかなか席を立たず，目線を外さずジーッと職員を見つめている。
　　　　　当該職員は恋愛感情をもたれていると知らず，親切心で自宅と携帯の電話番号を教えてしまう。
　　　　　それからしばらくすると早朝，深夜問わず，電話がかかるようになったため，電話に出ないようにした。すると自宅までタクシーで出向き，家の様子を確認したり，ストーカー行為がエスカレートし，自宅へ現金を郵送したりする行為が始まった。
　　　　　そこで，初めて異常行動に気がついた職員は，極力かかわりをもたないように避け始めると，同僚の女性職員と事務所でみだらな行為をしていると，事実無根の誹謗(ひぼう)中傷(ちゅうしょう)を他の入居者や他の職員に言い始めた。

当事者の対応

① 極力距離を置き対応するも，そのことが逆に裏目に出た。

② 問題が起きている中，自己都合で退職。

事業所の対応
❶ 事業所としては，経過観察をして特に対応はしていない。

対応後の変化
・職員が退職した後，落ち着いたように思えたが，しばらくすると再び電話をかけ始めた。
・自宅へ行く行為や，自宅をのぞき見る行為が続いたため，元職員は電話番号を変更し，居留守を使いその場その場をしのいだ。しかし，そのような行為がおさまることなく2年間の長きにわたり続いたが，しだいに相手にされないことを理解し落ち着いた。
・その後，20代後半の男性職員に対象が変わり，新たに同様の行為が始まった。

その他の所見
・家族と相談し，精神科を受診。その結果，男性への執着心はアルツハイマー型認知症のための妄想の一つで恋愛妄想と診断される。
・上記のような事例に対して，施設側の知識不足のため，関係者に迷惑をかけることとなった。アルツハイマー病について認識があれば，早期に対応を図ることができたのではないかと反省したが，このような事例が起きてくるとは想像だにしなかったので，研修会では本事例のようなことがあることを周知していきたいと思う。また，現場の対応困難事例の研修会をより多く開催してほしいと思う。

④ 利用者間での問題

＜在宅事例＞

事例47　再婚者同士の認認介護

【利用者情報】　男性（70代）。認知症。

女性（60代）。認知症。

【当事者】　看護師，相談員

【状　況】　夫婦とも，徐々に認知症が進行しているが，認知症の自覚はない。また，双方とも再婚同士なので，現在の妻と過去の妻，現在の夫と過去の夫の区別がつかなくなってきており，片付け方や掃除の仕方，お風呂の入り方などで，摩擦が起きている。

　双方の夜の生活についての意見が異なるため，言い合いになり，乱暴な関係になる。怪我をしていることがあったため，看護師と相談員が気づいた。

当事者の対応

① 2人に介護認定調査を受けさせることを介護支援専門員に相談し，市町村へ申請するも，調査員が訪問しても家の中に入れてもらえず，認定調査を拒否した。

事業所の対応

❶ 介護認定申請を代行した介護支援専門員が，事業所の近くにいるので，隣人たちに様子を聞きながら，見守っていくことにした。

対応後の変化

・特に変化はない。

その他の所見

・夫婦とも，過去の夫や妻を思い出しては，今の夫や妻に対して「昔と対応が違う」と言い合いになる。しかし，手立てがないので，暴力行為が進行した場合には，介護保険課へ相談することにした。

＜施設事例＞

事例48　他利用者との関係

【利用者情報】　男性（70代）。要介護5から要支援2に回復。認知症なし。

第2章　在宅ケアと施設の性的トラブルとその対応法

　　　　　　多発性神経炎のため入院，寝たきりの状態でホームへ入
　　　　　居。入居後，リハビリと病状改善により，徐々にADL
　　　　　が向上し独歩可能になる。
　　　　　　若い頃に妻と離婚し1人暮らし，兄弟が面倒を見ている。
【当事者】　すべての女性介護職員
【状　況】　移乗介助する際，抱きかかえた状態の時に，介助中の女性
　　　　　介護職員にキスしようとする。
　　　　　　排泄介助の時にベッドサイドへ近寄ると，腕をつかまれ引
　　　　　き寄せようとしたり，二の腕を揉んだり，胸を触ろうとする。
　　　　　また，横を通り過ぎる時にお尻を触る。
　　　　　　初めは，女性介護職員が対象であったが，全身の状態が改
　　　　　善してくるとともに行為はエスカレートし，介護職員ばかり
　　　　　でなく，他の女性利用者に手を出すようになった。

当事者の対応

① 当初は，リハビリになるからと腕くらいは触っても大げさにせず対応し，若い職員には精神的なフォローをするようにしていた。
② しだいにエスカレートし他の女性利用者にも行為がおよんだため，食事の席の変更や接触することのないように職員が見守りをするという対応をした。しかし，常時見守りができず，行為を繰り返すようになった。

事業所の対応

❶ あまりにも度を超してきたので，施設長から注意をした。注意をした後は，少しの間は自制しているが，行為がなくなることはなかった。
❷ 他の女性利用者に手を出すようになり，数名から「退居させてほしい」「フロアを移動させてほしい」等の声が上がるほどになった。

対応後の変化

・行為が止まないので，カンファレンスを開催し，利用者の居住フロア

を変更し，男性職員を近くに配置したが効果はなく，担当介護支援専門員と相談して，これ以上行為が続くようであれば退所していただくことを，利用者と家族に通知した。

その他の所見

- 行為を繰り返す原因を把握することや，要支援にまで回復してきているので，在宅療養することをもう少し早く検討しておけば，被害が広がらずにすんだかもしれない。
- また，性的な感情が高揚した場合には，発散させることができるような対応を考えておかなくてはならないと思われた。
- このような事例は今後も起きうる可能性があるため，職員間での情報共有とともに施設長とも相談して医学的にも何か手立てはないか検討していく必要があるであろう。

事例49　女性利用者の胸や陰部を触る

【利用者情報】　男性（60代）。要介護2。認知症あり。
　　　　　　　　歩行は自立，見守り程度。
　　　　　　　　特別養護老人ホームに入所中。内縁の妻の面会は頻回にある。

【当事者】　入所利用者（女性，60代前半）

【状　況】　お気に入りの女性利用者にずっとくっついている。胸や陰部を触る行為もあり，職員が2人を離そうとすると，大声を出したり暴力行為をする。

当事者の対応

① 他のフロアに移動することを希望。

事業所の対応

❶ 女性利用者を他のフロアに変更した。

対応後の変化

- 女性利用者のフロアを変更し，利用者がエレベーターで移動しないように，行動を監視した。また，エレベーターにパスワードを設定して，エレベーターに自由に乗れないようにした。
- 毎日，内縁の妻が来所することもあり，行為はそのうちになくなった。

その他の所見

- 利用者によると，女性利用者が「(内縁の) 妻に似ていた」とのことであった。
- 女性利用者が嫌がり困っていることを知っていたかどうか，認知症があるため確認できないが，今後，このような事例が発生することを考慮して，居所の配置を検討していかなくてはならない。

事例50　利用者同士の結婚

【利用者情報】　男性A（年齢不詳）：下半身麻痺，認知症なし。IADL自立，車椅子で移動。

女性B（年齢不詳）：認知症なし。IADL自立，歩行器利用して自立歩行。

女性C（年齢不詳）：車椅子で移動。

【当事者】　男性A，女性B

【状　況】　同じフロアの利用者で男性Aと女性Bは，お互い愛煙家ということもあり喫煙所で同席する機会が多く，他の利用者も含め親交を深めていった。

男性Aは集団の中でも中心的な存在で，他の女性利用者からはしばしば煙草の差し入れを受けることがあった。そんな中，女性Bは男性Aの車椅子を押したり，こまごまとした雑用を引き受け，お礼に男性Aからお菓子をもらったりする関

係が始まっていた。性格的にも相性がよかったのか，しだいに2人で行動を共にする時間が増えていった。

　人気のある男性Aが女性Bとばかり一緒にいることに腹を立てた車椅子の女性Cはひどく嫉妬(しっと)し，職員や同室の女性に，女性Bについてあることないことを言いふらし，それをかばう職員まで悪者扱いし，女性Bが施設長のところまで涙ながらに相談に行くという事態になった。

当事者の対応
① 　男性Aも，女性Bも，女性Cの行為に困っていたが，何もしなかった。

事業所の対応
❶ 　相談員，看護師長，フロア介護リーダー立ち合いの下，男性A，女性B，女性Cの3者で話をする機会を設け，お互いの言い分を聞いたところ，男性Aと女性Bは気持ちを寄せ合っていることがわかり，それを聞いた女性Cはショックを受けてはいたが，2人を認めてくれ一見落着した。

対応後の変化
・その後，2人から結婚したいという申し出があり，入籍，結婚し，夫婦部屋に居室変更し，幸せに暮らした。

その他の所見
・夜間帯は安全上1時間に1回の巡視を行っているが，夫婦の夜の生活を邪魔されたくないと言われたので，医師などにも相談し巡視の時間を最低限度のものにし，覚醒している時間帯はあらかじめ訪室する時間を伝える形で納得してもらった。

事例51　2人きりになりたがる利用者

【利用者情報】　男性（70代）。要介護1。脳梗塞後遺症(のうこうそくこういしょう)，左片麻痺(ひだりかたまひ)，

認知症なし。
女性（70代）。要介護3。慢性関節リウマチ，認知症軽度。
【当事者】　介護職員（男性，30代）
【状　況】　男性が女性の車いすを押してデイケアのカラオケルームに連れて行き2人でいる。男性は，女性の手を握ったり胸を触ったりしていた。
　2人はいつも一緒にいることが多く，デイケアを利用する他の利用者から噂になっていた。
　ちなみに，2人とも既婚者で配偶者がいる。

> 当事者の対応

① 「みんなが使う場所を2人で占有するのはやめてください」と注意した。

> 事業所の対応

❶ 担当介護支援専門員や家族と相談して，デイケアの日程を変更してもらった。

> 対応後の変化

・2人は会えなくなったが，男性は他の女性利用者に声をかけたりしている。

> その他の所見

・本事例の2人は既婚者であるため倫理上の問題もあるが，通所施設内という利用者の生活を支援する場でなければ，表立った批判はなかったのであろう。
・高齢者や要介護者にとって外出することは難しく，通所介護およびリハビリテーションは数少ない外出の機会である人が多いので，その機会を奪わないように配慮する必要がある。
・通所事業所は，利用者や家族とサービス提供や内容について契約をしているので，家族への報告もやむをえないことではあるが，それぞれ

の人格を尊重した上での対応が求められる。
・本事例とは別に，QOLの観点から見ると，施設サービスなどですてきな出会いがあり，楽しい時を過ごすことができたら，残りの人生に一抹(いちまつ)の花を咲かすことができるのではないかと思われる。
・男女の情愛は，難しい課題である。機会があれば研修会などをもち，さまざまなケースを学び合うとよい。

⑤ その他

<在宅事例>

事例52　嫁への興味が

【利用者情報】　男性（80代）。要介護2。認知症，精神運動発作（脳梗塞(のうこうそく)後）。長男夫婦と二世帯同居，妻は死別。

【当事者】　長男の嫁（50代）

【状　況】　優しくてとても献身的な同居中の長男の嫁に対して，①入浴中にのぞき見する，②寝室をのぞく，③「長男の嫁が浮気している」などと，ありもしないことをいろいろ近所に言いふらすようになる。

　　　　　直接手を出すなどの行動はないが，セクハラ的行為が増し，精神的に嫁を困らせる。

|当事者の対応|

① 嫁が口頭で「やめて」などと注意をするが，「間違えた」と返答する。
② しかし，その後も同様の行為は続き，そのつど注意をしてもやめることはない。

|事業所の対応|

❶　担当介護支援専門員が中心となり，利用者への訪問回数をふやし，面談を通じて背景を探る。他事業者の協力も得て，事象の確認と嫁の

精神的負担を把握する。

❷ 通院時に嫁に同席してもらい，主治医（精神科）へ一連の行動等を説明することにした。

対応後の変化

・向精神薬を処方され，上記症状の改善が図られたが，顕著な効果は見られず経過観察する。
・その後，精神状態が不安定になり急激な体重の減少を認め，精神科入院となる。
・回復を待って退院するも，上記の行動はおさまらず，長男夫婦との別居を経て，施設入所になった。

その他の所見

・利用者は認知症が現れる前から，「鼻に割り箸を刺し出血させると体調がよくなる」などを信仰する新興宗教に没頭し，熱心に布教活動していた。思考や行動への動機付けに，その宗教が影響を与えていた可能性が示唆されていた。
・認知症が，利用者の倫理観や宗教観などに変化を及ぼした可能性もあり，情報の共有が痛感された。合わせて，精神科との連携や，認知症に関する知識の必要性を痛感した。

事例53　花嫁募集中

【利用者情報】　女性（78歳）。認知症。
　　　　　　　夫と死別，50代の無職で独身の息子と2人暮らし。
【当事者】　介護支援専門員（女性，30代）
【状　況】　介護支援専門員が初回訪問をして帰る時に，利用者の息子が玄関から広い庭を通って門に行くまでの間，庭の木々を説明しながら見送った。門までの間に，介護支援専門員に「は

い！ その花の前に立って」と言い，息子は写真を撮った。

　再度，介護支援専門員が訪問した時，前回撮影した写真を写真立てに入れ，息子が介護支援専門員にプレゼントした。その写真には，介護支援専門員の髪に花が飾ってあるなどの加工が施してあった。

当事者の対応
① 利用者の息子にお礼を述べるとともに，二度とこのようなことをしないように「お気づかいなく」と断った。事務所に帰った後，事業所に相談した。

事業所の対応
❶ 当事者から相談を受け，担当を男性に変更した。

対応後の変化
・男性介護支援専門員に対しては，写真撮影は行われていない。

その他の所見
・利用者の息子は付き合う相手を見つけるために写真を写したと思われるが，写真撮影されることは介護支援専門員としては不本意であった。その上，加工までされたことに対して違和感を覚えたとのことで，担当を変更することになった。
・親を独身男性が介護している場合には，女性と出会う機会も少ないと思われるので，さまざまな事例が起きると思われる。
・利用者の息子の行為が，なんだかむなしい気がしないでもない。

事例54　利用者の家族が仕事中つきまとう

【利用者情報】　男性（70代）。要介護3。脳梗塞。
　　　　　　　行為者は，利用者の親戚であるため詳細な情報はない。
【当事者】　介護職員（女性，30代，訪問介護経験4年）

【状　況】　訪問中，利用者の親戚は，必ず「あなたはスタイルがいい。いいにおいがするね」「学歴は？」「体重は？　経験は？」など聞いてくる。訪問介護の仕事中ずっとそばにいて離れない。

当事者の対応
① 訪問時，学歴や出身校を何度も聞いてくるので，さりげなく流していたが，あまりしつこく聞くので「○○大学卒業です。学歴があってもこの仕事は介護の知識や経験がとても重要です」と伝えた。

事業所の対応
❶ 担当介護支援専門員から，実情を家族に伝えてもらった。

対応後の変化
・実情を伝えてもらってからは，親戚の男性は訪問中そばに来なくなった。やがて男性の認知症が進行し行動がとれなくなった。

その他の所見
・本事例のような行為に対して，相談や取り扱う専門的な窓口を作り，どんな些細な内容でも伝えられるようにすると安心である。認知症に限らず，高齢者とのかかわりの中で，このような問題は陰に隠れており，対策がなおざりにされているのはとても残念なことである。

事例55　ホステスのいるクラブに同伴

【利用者情報】　男性（80代）。認知症。
【当事者】　介護職員（女性），介護支援専門員（女性）
【状　況】　利用者の性格は頑固で，息子たちの意見を聞くことはなく，家族関係もあまりよくない。土地が売れ，お金には困っていないこともあり，クラブのホステスに入れあげている。ホステスもお金があることを知ってか，利用者に「同伴」を依頼し一緒に店まで行くこともしばしば。周囲の者は心配するが，

そんなことは関係ないと利用者は聞かない。

　利用者の息子は，アルツハイマー認知症であると利用者に言うが，利用者は認めず，息子を裁判にかけ訴えるとの発言まで出てしまう始末。利用者の家族が，後見人を弁護士に依頼しようと検討するが，弁護士になだめられ訴えることはなかった。

　寂(さび)しいからかホステスと切れることはなく，300万円もする車を購入するほどの気の入れようである。しかたなく，周囲からは「（日常生活において食事の介助など）ホステスに少し助けてもらったらどうか」と助言するも，聞き入れることはなかった。同伴前に一緒に食事を外でするのも利用者が支払っている。

　今でもホステスとは切れずに続いているが，周囲はもう何も言わなくなってしまった。

当事者の対応
① 意見をするが，無視された。

事業所の対応
❶ 担当介護支援専門員は利用者や家族と話をするが，利用者からは「口出し無用」と言われる。

❷ しだいに，周囲との人間関係も悪化。さらには周囲に，介護支援専門員は「私の彼女だ」と言いふらすようになる。介護支援専門員は，この一件から手を引き，男性介護支援専門員に交代した。

対応後の変化
・何も変わらず今でもホステスと続いている。

その他の所見
・最初から，ホステスと引き離すことを試みたことが，利用者との関係を悪くしたようである。

第2章　在宅ケアと施設の性的トラブルとその対応法

- しかし，認知症である以上，このまま散財することのないように後見人を定め，対応を図ることを考えないといけない。介護支援専門員も専門家の一員であるから，関係機関とも相談し，早期に手立てを考えるべきである。
- 場合によっては，そのホステスに利用者のことをどう考えているのか聞きただすことも必要であろう。なかなか難しい問題である。

事例56　セクハラされないのもセクハラ？

【利用者情報】　男性（80代）。要介護5。脳梗塞(のうこうそく)，認知症。
　　　　　　　訪問リハビリ週1回，福祉用具貸与，訪問介護（身体介護）週7回。
　　　　　　　妻と二人暮らし。

【当事者】　介護職員A（女性，20代）…利用者のお気に入り
　　　　　　介護職員B（女性，30代）

【状　況】　全介助のため，介護職員2人で入浴介助を行っている。その際，利用者は，お気に入りの介護職員Aには「きれいだね」と声をかけ，手を握りうっとりと顔を見つめる。
　　　しかし，もう1人の介護職員Bには全く興味がなく声もかけない。
　　　介護職員Bは，女性として見られていないことがおもしろくないらしく，「名前も呼んでもらえない。手も握ってもらえない。にっこり笑ってもらえない」と不満をもらしている。

当事者の対応

① 手を握られた介護職員Aは，にっこりと微笑(ほほえ)み返し，利用者の手をそっと離して入浴介助を行っている。
② 介護職員Bは，普通に対応をしている。

111

事業所の対応

❶ 不満をもらした介護職員Bに対して平静に対応するように助言し，そのまま様子を見ることにした。

対応後の変化

・相変わらず，利用者はお気に入りの介護職員Aには「きれいだね」とうっとりし，興味のない介護職員Bに対しては声もかけない。

その他の所見

・訪問介護事業所は，女性の多い職場なのでいろいろな問題がある。介護職員Bの不満がさらに募った場合は，担当を変更する必要があるかもしれない。

事例57　介護拒否する嫁に何が起きていたか

【利用者情報】　男性（70代）。要介護3。脳梗塞（のうこうそく），認知症。
　　　　　　　長男夫婦と同居。

【当事者】　長男の嫁（30代）

【状　況】　介護職員が訪問すると，利用者はとても汚れており，介護拒否の状況が見受けられた。
　　　　　そこで，介護している長男の嫁に，介護方法を指導し，話を聞いたところ，身体介護をする時に，胸や下半身をまさぐり続けるので，介護をするのはもう嫌だと訴えがあった。体を触られることを長男（夫）には言えないので，我慢している。
　　　　　介護職員が身体介護をしてみると，最初は問題なくできたが，しだいに上記と同様な行為が見られようになり，とても介護できる状況ではなくなった。
　　　　　利用者は，何もしていないと言い張る。

当事者の対応

① 「体に触れることをやめてください」と注意したが，一向におさまる気配が見られないため，事業所と介護支援専門員に相談することにした。

事業所の対応

❶ 介護支援専門員と相談して，介護全般を通所に変更し，担当も男性職員とした。
❷ 嫁には，介護しなくてよい旨(むね)を伝えたところ，とても表情が明るくなり，感謝された。
❸ 長男には状況を伝えていないが，行為がエスカレートしたら，経過を伝えることにした。

対応後の変化

・何も行為は起きていない。観察を続けている。

その他の所見

・介護拒否をした長男の嫁の心を知ることで，その理由を把握することができた。
・とても忍耐強い嫁の気持ちがかえって災いした事例で，機会があるつど，介護教室などでの啓発が望まれる。

＜施設事例＞

事例58　乳房を見せる

【利用者情報】　女性（80代）。要介護2。認知症なし。
　　　　　　　シルバーカーを押して移動。
【当事者】　介護職員（男性および女性，20代）複数
【状　況】　そばにいる男性利用者や介護職員に「私はお乳が大きい」と言って服を脱いで乳房を見せようとする。

当事者の対応

① 服を着せて人前で服を脱がないように話をするが,理解してもらえなかった。

> 事業所の対応

❶ 特に何もせず,経過観察とした。

> 対応後の変化

・介護職員は困った行動であると感じてはいるが,特別な対応や検討課題に載せる必要性を感じてはいない。

> その他の所見

・在宅とは異なり,施設では1対1対応でないため,介護職員の不安感は少なく,また,このような事例はよくあるとのことで,現時点では特に対応をする必要も,問題視する必要も感じていない。
・当該(とうがい)介護職員たちは,利用者の意識より,むしろ,ニーズが満たされないことによって起きる生活問題として捉(とら)え,対応していこうとしている。
・在宅と施設では,本事例と同じ行為が行われた場合,介護職員が抱(いだ)く感情は異なるようである。また,露出される場合と接触される場合では,その行為の受け止め方が大きく異なるため,対応が遅れることがある。いずれにしても,行為がエスカレートしないように,観察をしていかなくてはならない。
・状況の進行程度により,担当介護支援専門員などに相談しなくてはならない事態になるかもしれない。

第 3 章

高齢者の性とセクシュアリティについて深める

1 高齢者の性とセクシュアリティの現実

　高齢になっても恋愛感情をもつのか，性的欲求はあるのか，夫婦間での性生活はあるのか，単身者はどうなのか，読者はきっとさまざまな疑問をもっていると思う。ここでは筆者らが実施した「2012年・中高年セクシュアリティ調査」[1]で得た結果を中心に，2000年，2003年の調査も参照[2), 3)]しつつ，セクシュアリティの実際や男女の相違，そのために生じる問題などを述べていきたい。

　また，一般高齢者と分けて，要介護高齢者についても言及するが，性的行動等については第1章も参照されたい。

1　一般高齢者の性

(1)　異性への関心・交際

　万葉集にはこんな歌がある。
「黒髪に白髪交じり老ゆるまでかかる恋にはいまだあはなくに」大伴坂上郎女
「古りにし嫗にしてやかくばかり恋に沈まむ手童のごと」石川郎女
　万葉の時代の「老いた人」は現代で言えば何歳くらいになるのかは定かではないが，老いても人は恋をしていた，と言えそうだ。
　では，人生80年時代の高齢者たちはどうなのか，筆者らが実施した調査の単身者の結果を参考に考えたい。直接恋愛感情について聞いたわけではないが，交際相手の有無等について聞いた。回答者は性について比較的開かれた感覚をもち，積極的な人に偏ったと思われるので，安易に一般化はできないが，およその傾向を知ることができる。
　男性は「交際相手がいる／いないのでほしい」と回答したのは60代〜70代の男性で91%，女性で45%であり，多くの男女が異性への関

心を失ってはおらず，付き合いたいと考えていることが分かる。また，「結婚したい／どちらかといえば結婚したい」と考えている人は，60代〜70代で男性は35％，女性は11％だった。結婚願望となると割合は減少し，特に女性は少ないが，女性の結婚回避理由は「自由を束縛されたくない」「家事や身の回りの世話が負担」等であり，異性への関心の乏しさを示すものではない。

　詩人の萩原朔太郎は万葉集の中の「あぢきなく何の痴言(たはこと)いまさらに童児言(わらはごと)する老人(おいひと)にして」という歌を評して「少年の恋は夢であり，青年の恋は浮気であり，中年以後の恋は死身である。老齢に達してのみ，人は真の恋愛を知り，恋愛の奥深い意味を知る」[4]と述べている。生理的な性衝動から開放された老年期だからこそ，精神の深みからの恋愛ができる，と言えるのかも知れない。

(2)　若い頃に比べて性的欲求は？

　配偶者のいる男女に「若い頃と比べた性的欲求の強さは変化しましたか」と聞き，回答を「2点（若い頃より少し減少）」「1点（若い頃より大いに減少）」「0点（欲求はほとんどない）」と点数化して，年代による変化を見たのが図3-1である。男性は70代で大きく低下し，女性は50代で大きく低下している。50代以降の男女の性的欲求の乖離(かいり)は大きく，60代，70代の女性の6割が「性的欲求はほとんどなくなった」としている。

　女性の性的欲求の減少が著しいのは，次の項で述べるように閉経に伴う女性ホルモンの減少，性交痛の出現など生理的な変化が大きいと思われる。しかし，筆者らの調査では，それだけではなく，過去の性生活が女性にとって満足感が得られるものだったかどうか，夫婦間で性についてのコミュニケーションがあり，互いの思いや望みを伝え合うかどうか，配偶者との関係が良好であるかどうか，など多様な要因が影響していた。

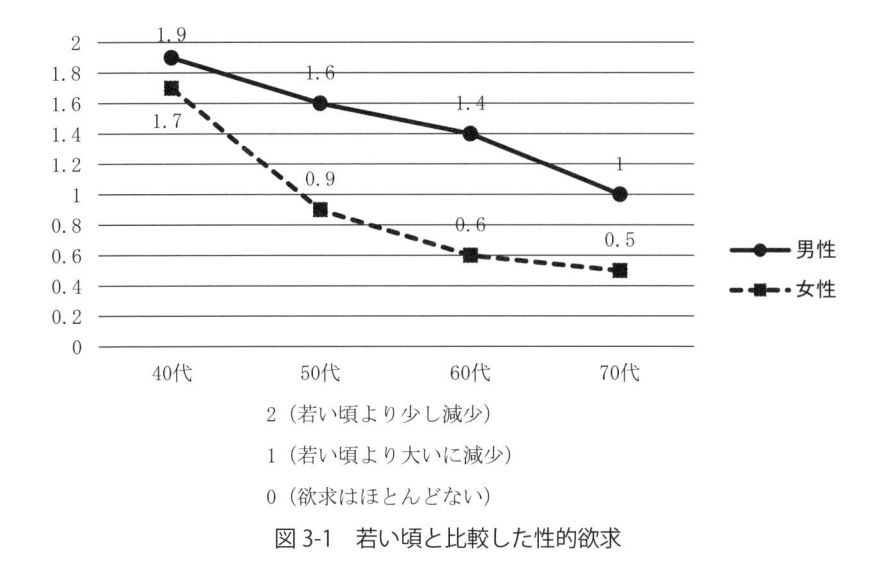

```
  2 ┤ 1.9
1.8 ┤●
1.6 ┤■ 1.7        1.6
1.4 ┤                        1.4
1.2 ┤
  1 ┤         0.9                    1
0.8 ┤
0.6 ┤                 0.6
0.4 ┤                        0.5
0.2 ┤
  0 ┤
    40代   50代   60代   70代
```

2（若い頃より少し減少）
1（若い頃より大いに減少）
0（欲求はほとんどない）

図 3-1　若い頃と比較した性的欲求

単身者の調査結果を見て意外だったのは，女性は交際相手がいる人に限ると，有配偶女性のような性的欲求の低下が見られず，性的欲求を高く維持していることだった。「セクシュアリティは両耳の間にある」と言われるように，人間の性には大脳の働きが大きく関与している。自由記述欄に「女の性は心でするもの」などの記述があったが，女性の場合は特に感情的な側面が性的欲求を左右する。家族と異なり，一人の男，女として向き合える相手，しかも恋愛感情をもっている相手がいると，性的欲求は高まることがうかがえた。

(3)　加齢による性機能の変化

加齢により心身の機能が低下するのと同様に，加齢により性機能も低下していく。

①　男性の場合

性反応としては，性刺激を受けて，勃起し始めるまで，さらに完全な勃起状態になるまでに時間がかかるようになる。また，平均して勃起力

は弱くなる。射精にも時間がかかるようになり,精液量が減少し,射精に伴う快感が減少する。このような性反応の衰退は個人差が大きい。積極的な性行為を若い頃から一貫して保持することが,性的能力の維持につながると言われている。

男性の性障害の主たるものは勃起障害であるが,加齢によるものだけではない。マスターズとジョンソン[5]は,男性の性的萎縮(いしゅく)の要因としては①反復的な性関係の単調さ,②職業的または経済的追求への専心,③精神的疲労,肉体的疲労,④飲食の不節制,⑤夫婦両者または一方の肉体的および精神的虚弱,⑥失敗への不安をあげている。

② **女性の場合**

女性は50歳前後で閉経し,男性と異なり劇的に受胎(じゅたい)能力が失われる。閉経の前後,45歳から55歳くらいまでは更年期と呼ばれ,女性ホルモンが急激に減少するため,さまざまな更年期障害を経験する女性が多い。

性に関わる問題としては,性交痛が生じやすくなる。女性ホルモンの減少で,腟粘膜(ちつねんまく)の細胞分裂が不活発となり,腟粘膜が薄くなり,腟内の

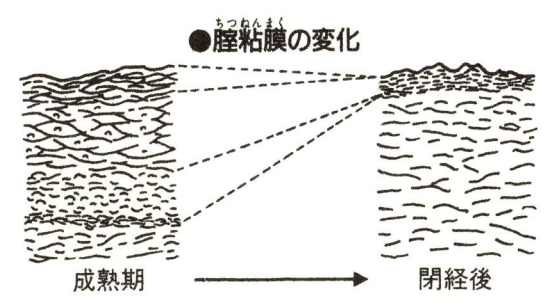

●腟粘膜(ちつねんまく)の変化

成熟期 → 閉経後

(日本性科学会監修『セックス・カウンセリング入門』金原出版,1995年より)[6]

腟粘膜が薄皮化　　　　　　　　　　　　男性の理解と思いやり
腟内の潤いが減少　⎫→性交痛　　　　　⎧潤滑液のゼリー剤
炎症が起きやすくなる⎭　性交痛を防ぐには→⎩ホルモン補充療法

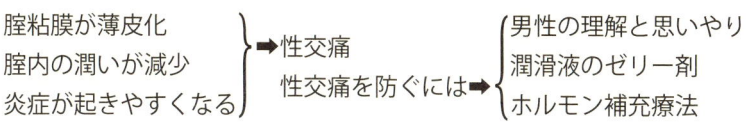

図3-2　性交痛の原因と対応

潤いが減少し，萎縮性膣炎を起こしやすくなるからである。性反応としては，若い頃よりも潤滑液分泌に時間がかかり，量も減少し，膣が潤いにくくなる。また，オーガズムの時間が短縮し，快感も減少する。

筆者らの調査では有配偶者で性交渉がある50代女性の6割が性交痛を訴えていた。その際，男性が女性の生理的変化を理解し，無理のないいたわりのある性交渉をもつことが最も大切である。性交痛の予防としては潤滑剤（ゼリー）の使用が一般的で，また，性交痛の治療としてはホルモン補充療法が効果的である。しかし，このような加齢による生理的変化や性交痛への対応方法を知らず，痛みを我慢したり，性生活から遠ざかる人も少なくない。

(4) 加齢による性生活の変化

前項で述べたように，加齢とともに性機能は低下していく。泌尿器科医の熊本らが実施した日本人男性の勃起力の調査では，「セックスまたはマスターベーションで，いつも・しばしば硬くなる」人は，60代後半で44%，70代前半30%，70代後半21%，80歳以上6%と減少している[7]。もちろん，勃起力の有無と，性交渉の有無は同じではない。

図3-3は筆者らの有配偶者調査による夫婦間の性交頻度である。男性の回答であるが，個人差が大きいこと，加齢に伴い性交頻度が低下し，「1年全くない」という人が増えていることがわかる。また，時代により夫婦の関係性，性の重要度は変化するのか，2000年の同様の調査と比べると2012年調査ではセックスレスが著しく増加している。セクシュアルコンタクトが1ヵ月に1回未満の場合はセックスレスという定義もあるので，「月1回以上性交渉あり」に注目すると，男性は2000年調査では60代5割弱，70代2.5割近くだったのが，2012年調査では図のように60代2割，70代2割弱と減少している。

しかし，加齢により性交頻度は減少し，セックスレスが増加していく

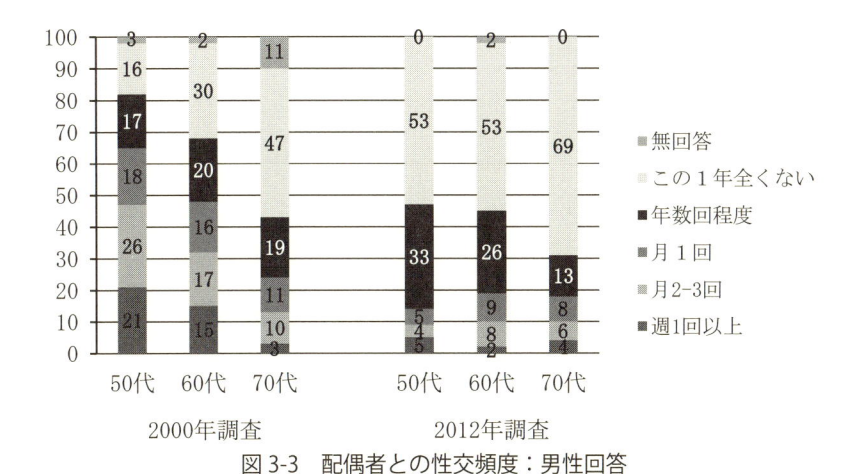

第3章　高齢者の性とセクシュアリティについて深める

図3-3　配偶者との性交頻度：男性回答

ものの，高齢になっても性交渉を保つことはできる。

(5) 配偶者との性関係における男女差

　性的欲求は食欲などと同様，本能的なものだと言われる。しかし，食欲は食べ物で満たすことができるが，性欲は自分とは異なる意思をもつ他者によって満たすという点で大きな違いがある。自分が求める時に相手も同様に望んでいる，という性的欲求の一致は実は大変難しいことかもしれない。調査では「配偶者とはどのような性的関係が望ましいか」と聞くと，男女で大きな開きが見られた。

　図3-4のように，男性は配偶者との「性交渉を伴う愛情関係」を求める人が60代で5割近く，70代で4割近くいる。「性交渉以外の愛撫(あいぶ)を伴う愛情関係」も含めると70代になっても半数以上は性的行為を望んでいる。それに対し，女性は「性交渉を伴う愛情関係」を求める人が50代で2割強と大きく減少してしまう。女性は，50代以降は「精神的な愛情やいたわりのみ」を望む人が最多である。夫は求めているが妻は求めていないという状況が生じがちで，両者の調整が必要なところである。

121

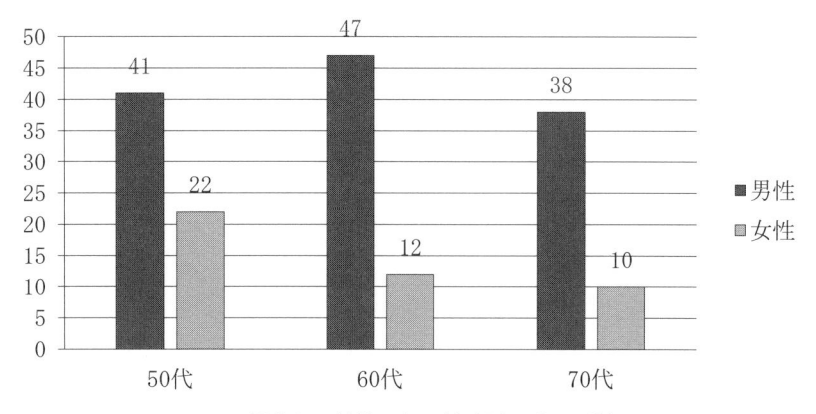

図 3-4　望ましい性的関係：性交渉を伴う愛情関係

　男性の欲求に女性が合わせることが多いと思われ,「気乗りのしない性交渉に応じることがある」と回答した女性が多かった。しかし,男性が我慢する形で性交渉から遠ざかっている場合も多いと考えられる。調査票の自由記述には,夫の求めが苦痛といった女性の記述,妻が拒否するので淋しいといった男性の記述が散見された。性的ニーズの調整は夫婦間の葛藤(かっとう)の種になっている可能性がある。

　なお,割合としては少ないが,カップルによっては女性の性的欲求のほうが強く,男性が応えられないことが問題になっている場合もあることも付記しておきたい。性機能が低下し,性障害が生じやすい中高年期は,若い頃以上に,互いに身体的な変化や感情の揺れへの思いやりが大切だと言えよう。

(6) 老年期の望ましい性生活に向けて

　性生活の土台は夫婦の関係性である。女性からは「パートナーとの関係の有り様が性の満足に反映してくるような実感がある」「会話や触れ合いなどの少なさが不満で,求めをすんなりと受け入れられない」といった声があった。まずは,会話のある関係が大切であろう。夫婦間の会話

が乏しいと感じている男女も多く,「配偶者とのどのような交流を求めるか」という問に,60～70代の男性の8割以上,女性の8割前後が「日常的な会話」と応えていた。次いで,「家庭のことを相談し合う」「外出,趣味など楽しみをともにする」と続く。

また,性生活に関して相手に望むこととしては「日常的に愛情を示す」がもっとも多く,男性6割弱,女性はほぼ5割だった。表現しなくても「あうんの呼吸でわかる」ことを求めてしまうのかもしれないが,表現しなければわからない,言われると嬉しいこともある。もっと思いやりを言動で示す努力が必要だろう。

性交渉については,若い頃のようなセックスにとらわれることなく,枕を並べての会話を楽しみ,愛撫,触れ合いを性生活の主人公に据えたい。性機能が低下していく老年期はセックス＝挿入という意識にとらわれていると性生活から離れることにもなる。セックス＝心身の触れ合いという意識への変革が必要だろう。

さまざまな対象喪失を経験し,心身の健康を喪失し,死を身近なものと感じてくる老年期には肌の触れ合いは大きな癒しになる。挨拶として握手をしたり,ハグしたりする習慣のない日本人は総じて肌の触れ合い

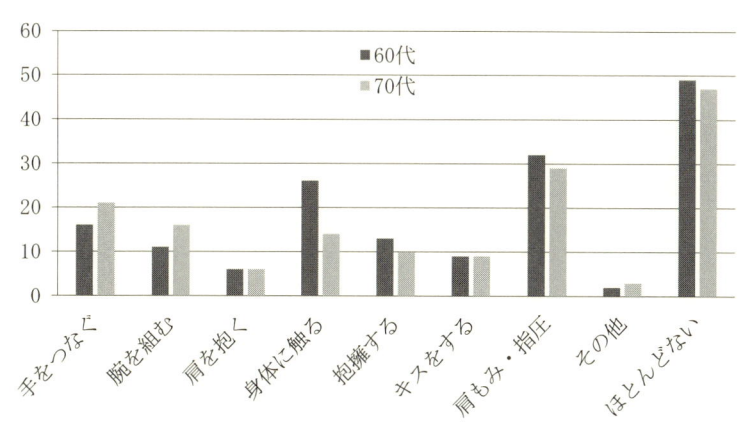

図3-5　よくする具体的触れ合い：女性回答（複数回答）

をもつチャンスが少ない．図3-5のように，夫婦間でも性交渉以外でよくする身体的触れ合いは乏しく，性交渉がない場合は，半数以上が身体的触れ合いはほとんどないと回答していた．むしろ，老年期こそ肌の触れ合いを大切にしていきたい．

2 要介護高齢者の性

健康状態は性機能，性的欲求には大きな影響を与えると考えられる．しかし，要介護高齢者はもはや性的欲求，異性への関心を失っているか，と言えば，そうではない．少し古いデータになるが，1996年に熊本悦明らが全国の老人福祉施設を対象に実施した「老人福祉施設における"性"に関する調査」[8]では，図3-6のとおり，施設の職員は利用者の大半が性的欲求をもっていると見なしていた．ただ，性的欲求の意味合いは広く，内容としては「異性のいたわり／愛情」を求めているという割合が最も多い．次いで「肌の触れ合い」である．

また，「性の欲求の実現が利用者のQOLを向上すると考えるか」との問に，男性についても，女性についても，7割以上の職員が「大いに向上／ある程度向上する」と回答していた．実際，筆者が知りえた事例で

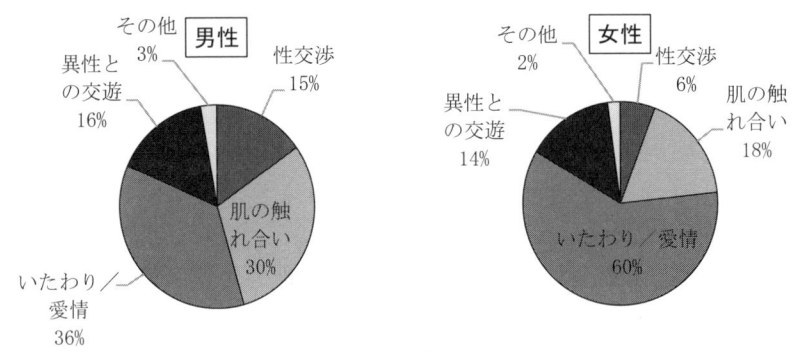

図3-6 性欲の内容
(熊本悦明ほか「老人福祉施設における"性"に関する調査」『高齢者のケアと行動科学』第4巻，1996年，p.6より)

第3章　高齢者の性とセクシュアリティについて深める

も相思相愛の相手を得たことで，生き生きし，笑顔や会話が増え，リハビリに励むようになったなど，QOLが向上した事例は枚挙の暇がない。家族や知人，友人，長年馴染んだ住まい，持ち物，そうしたもの全てから離れて，施設に入居した高齢者にとって，自分に特別の関心と愛情を示し，また，自分の愛情を受け入れてくれる対象の存在がどんなに大きな生きがいになるか，想像に難くない。

　ただ，利用者間の恋愛は当事者にとってはQOLの向上になっても，他の利用者や家族との関係でトラブルになることがある[9],[10]。当事者にとって，いかに生きがいにつながっているかを知る職員が調整役になってほしいところである。また，カップルの性的行動が問題になることもしばしばある。人前での性的行動は問題かもしれないが，本人の居室など他の利用者の目に触れない場での性的行動まで制限する必要があるかどうか，議論の余地があるところだろう。

　ある養護老人ホームの施設長は「死を意識する高齢者は，触れ合いが大事になるし，生きる気力にもなる」と語り，入り口は別で，中で行き来できるカップルのための部屋を作っている[11]。先に「肌の触れ合いは大きな癒しになる」と述べたが，心身の機能が低下し，病気や死の不安，孤独感を抱える要介護高齢者にとってはことさらだと言えよう。今後，性のもつ多面的な意味合いを踏まえた上で，サポーティブな取り組みがなされていくことが望まれる。

注
1) 日本性科学会セクシュアリティ研究会（代表　荒木乳根子）編著『日本性科学会雑誌 Vol.32　Suppl.　2012年・中高年セクシュアリティ調査特集号』日本性科学会，2014年
2) 日本性科学会セクシュアリティ研究会（代表　荒木乳根子）編著『カラダと気持ち　ミドル・シニア版』三五館，2002年
3) 日本性科学会セクシュアリティ研究会（代表　荒木乳根子）編著『カラダと気

持ち　シングル版』三五館，2007 年
4) 　萩原朔太郎『恋愛名歌集』新潮文庫，1956 年
5) 　マスターズ・W・H，ジョンソン・V・E 著，謝国権，ロバート・Y，竜岡共訳『人間の性反応』池田書店，1966 年
6) 　日本性科学会監修『セックス・カウンセリング入門』金原出版，1995 年
7) 　熊本悦明，青木正治「加齢と男性性機能低下」"Gerontology"Vol.4,No.1，1992
8) 　熊本悦明ほか「老人福祉施設における"性"に関する調査」『高齢者のケアと行動科学』第 4 巻，1996 年，p.3-16
9) 　荒木乳根子『基礎から学ぶ介護シリーズ　Ｑ＆Ａで学ぶ高齢者の性とその対応』中央法規出版，2008 年
10) 井上勝也監修，荒木乳根子・井口数幸編『事例集　高齢者のケア⑥　性と愛－セクシュアリティ』中央法規出版，1995 年
11) 読売新聞　医療ルネサンス No.4652「高齢者の性」2009 年

2　薬剤とセクシュアリティ

　高齢者介護の現場で性とセクシュアリティが問題となることは稀ではない。しかしながら多くの教科書では十分に対応されておらず，授業においても十分に取り上げられることはない。しかし介護の現場では患者からセクハラを受けることも稀ではない。そのために最低限その関連の知識をもち，現場で適切に対応することは大事なことである。本節では特に薬剤とセクシュアリティの関係について総括する。

疾病と性的行動について

　疾病の症状そのものにおいてもセクシュアリティと関係する場合がある。そもそも，パーキンソン病は性的な行動異常が観察されることがある。また，認知症の症状の1つに嫉妬妄想がある。また前頭側頭型認知症では反社会的行為が見られることがある。さらにクリューバー・ビューシー症候群においても性的な異常行動が主症状となる場合がある。

　パーキンソン病の症状には大別して運動症状と非運動症状がある。非運動症状の中には，精神症状，自律神経症状などが含まれる。主要症状は以下の4つである。振戦，無動，固縮が特に3主徴として知られている。これらの神経学的症候をパーキンソニズムと呼ぶ。また，病的賭博，性欲亢進，強迫的買い物，強迫的過食，反復常同行動，薬剤の強迫的使用などのいわゆる衝動制御障害がパーキンソン病に合併することが知られるようになっている。

　前頭側頭型認知症では，常識の欠如や判断力の低下により反社会的行為が見られることがあり，性的な異常行動を示すことがある。具体的には，例えば男性患者が下着をつけずに歩いたり，女性風呂に入浴しようとすることなどである。

クリューバー・ビューシー症候群は純粋な扁桃体由来の症候群ではないが，扁桃体を含む関連症候群である。その症状は以下に示すように多彩である。感情の鈍麻・無関心，逆に過剰反応を示す，視覚失認，口唇傾向，例えば何でも口に入れる，食べ物でないものも食べる，時に過食を起こす。恐怖感の低下，危険なものを避けなくなる。さらに性的感覚の亢進症状がある。クリューバー・ビューシー症候群は何らかの原因で両側の扁桃体の障害を受けた時に発症すると考えられており，ヘルペス脳炎（ヘルペスビールスは側頭葉内側など大脳辺縁系を侵すことが知られている），ピック病，戦争や交通事故などでの頭部外傷などでクリューバー・ビューシー症候群様の症状が確認されている。

薬剤と性機能障害について

性機能障害（インポテンス）は，勃起，射精，あるいは両者の欠陥と定義される。性的機能不全は，全身性疾患の過程（糖尿病）やそれらの治療（薬物），性器，内分泌系の特異的疾患あるいは精神科的障害に二次的に続発する。かつては性的機能不全の男性の大多数は心理的基礎原因をもっていると考えられていた。現在は，インポテンスの男性の大多数は糖尿病などの器質性基礎疾患の要素を持っていると考えられている[1]。

性欲の減退に関して，性欲やリビドー（性的衝動）の減少は，男性ホルモンすなわちテストステロンの欠乏に起因する。他の原因は，心理的要因や習慣性薬物の乱用（ヘロイン，アルコール，コカイン）などが含まれる。勃起不全と薬剤に関しては，シメチジン，スピロノラクトン，ケトラコナゾール，クロニジン，メチルドパ，ベータ遮断薬，サイアザイド利尿薬，抗コリン作動薬，抗鬱薬，鎮静薬，バルビツレート，モノアミン酸化酵素阻害薬，ベンゾジアゼピン，向精神病薬）および他の乱用薬（アルコール，メサドン，コカイン，ヘロイン）との関連が知ら

れている。射精欠如に関しては，グアネチジン，フェノキシベンザミンにより引き起こされることは知られている。

薬剤と性的行動について

薬剤によっては，ヒトの性的行動を変容させることがある。医療の分野ではこのことは常識ではあるが，性的行動異常を薬剤と結びつけることが容易ではなく，知識として知っておく必要がある。

パーキンソン症状をきたしやすい薬剤

近年医学の進歩が急速で，種々の薬が作られるようになったが，薬によっては，副作用としてパーキンソン症状が出たり，あるいはパーキンソン症状を悪化させたりすることがある。

以下の薬（向精神薬，抗不安薬，精神安定剤，制吐剤（せいとざい）など）は必ずパーキンソン症状が出るというのではなく，その可能性がある薬である（表3-1）。まずはこうした性的な行動や性に関連した症状が出た場合には薬剤との関連を疑う必要がある。多くの薬剤は安全と考えられており，高齢者では漫然と長期間使用されることが多いため，こうした有害事象を見逃す可能性が高い。薬剤師や医師と連携し，少しでも薬剤数を減量または中止し，有害事象の発生を未然に防ぐ必要がある。

おわりに

高齢者自身の性格によるものがあるが，疾病そのものにより，セクシュアリティが高まることもある。

薬剤は有用性もあるが，有害事象もある。急性の有害事象はわかりやすいことが多いが，慢性の場合には把握が遅れる傾向があり，わかりにくいことも多い。そこで常に有害事象を日頃から理解し，患者の行動を十分に観察する必要がある。情報収集にはナースや介護職の他，家族の協力も得ながら，少しでも有害事象の発言を減少させることが重要であ

表3-1 パーキンソン症状をきたしやすい薬剤

① フェノチアジン系
　クロールプロマジン（コントミン，ウインタミン）
　トリフルプロマジン（ベスブリン）
　フルフェナジン（フルメジン，アナテンゾール）
　トリフロペラジン（トリフロペラジン）
　ペルフェナジン（トリオミン，PZC）
　ペリシアジン（ニューレプチル，アパミン）
　チオリダジン（メレリル）
② ブチロフェノン系
　ハロペリドール（セレネース，ケセラン，プロトンボン，リントン）
　ピパンペロン（プロビタン，ルバトレン）
③ チオキサンチン系
　クロルプロチキセン（トラキラン，クロチキセン）
④ ジフェニルブチルビペリジン系
　ピモジド（オーラップ）
⑤ イミノベンジル誘導体
　カルピプラミン（デフェクトン）
　クロカプラミン（クロフェクトン）
⑥ インドール誘導体
　オキシペルチン（ホーリット）
⑦ 制吐剤
　メトクロプラミド（プリンペラン，モルペラン，プロメチン）
　フェノチアジン系（ノバミン，トレステン，ピレチア）
⑧ 降圧剤
　レセルピン（レセルピン，セルパシル）
　アルファーメチルドーパ（アルドメット）
⑨ 脳循環代謝改善薬
　フルナリジン（フルナール）
　シンナリジン（アプラクタン）
⑩ その他
　スルピリド（アビリット，ドグマチール，ミラドール）
　チアプライド（グラマリール）
　ドンペリドン（ナウゼリン）
　シサプリド（アセナリン，リサモール）
　リチウム（リチウム）

る。

　また，在宅や施設介護の現場で性的トラブルが起きた場合には，事実関係を正確に把握し，冷静に対応することが求められる。適切な対応方法には正解はないが，薬剤の変更も含め，早期に発見し，予防的対応も重要であろうし，疾病やその薬剤の影響を検討する必要があろう。

　注
1)　仲谷達也「性機能障害」『今日の治療指針 2010』医学書院，p.931-932

○事例執筆者（所属は原稿依頼時のもの）
　増田いづみ　田園調布学園大学
　青柳暁子　　岡山県立大学保健福祉学部保健福祉学科
　原野かおり　岡山県立大学保健福祉学部保健福祉学科
　北條昭子　　在アメリカ合衆国
　泉繭依　　　九州看護福祉大学
　大原まゆみ　名古屋セントラル病院

○事例執筆協力者（順不同）
　土山雅人　　田代富夫　　丸地紘野　　大倉初美　　山本三佐江
　磯部　栄　　林　博之　　三谷　誉　　神谷由香　　桑山和美
　有竹久恵　　加藤裕子　　大田原宝子　安田裕子　　五明文子
　浜岡和彦　　片山尚美　　奥村秀子　　大野陽子　　村瀬香織
　伊里みゆき　佐々木妙子　櫻井梨帆　　渡辺千佳子　帆足綾希子
　長谷川隆志　石井裕子　　齋藤拓実

　なお，匿名でご協力いただきました方々には，大変心苦しいのですが，掲載をいたしませんでした。お許しください。
　また，事例執筆協力者の方々の，所属・県名などを，明記するのが本来ですが，出版社・編集者などと検討し，省略させていただきました。申し訳ありません。

●著者紹介　（執筆順，所属は 2015 年 3 月現在）

鈴木俊夫
鈴木歯科医院院長
担当：はじめに，第 2 章

佐藤裕邦
介護老人保健施設うらら副施設長
担当：第 1 章 -1

荒木乳根子
田園調布学園大学名誉教授
担当第 1 章 -2，第 3 章 -1

遠藤英俊
国立長寿医療研究センター
長寿医療研修センターセンター長
担当：第 3 章 -2

高齢者の在宅・施設介護における性的トラブル対応法

2015 年 4 月 20 日　初版発行	著　者	鈴木俊夫・佐藤裕邦
		荒木乳根子・遠藤英俊
	発行者	武　馬　久仁裕
	印　刷	藤原印刷株式会社
	製　本	協栄製本工業株式会社

発 行 所　　　　　　　　　株式会社　黎明書房

〒460-0002　名古屋市中区丸の内 3-6-27　EBS ビル　☎ 052-962-3045
　　　　　　　　FAX 052-951-9065　振替・00880-1-59001
〒101-0047　東京連絡所・千代田区内神田 1-4-9　松苗ビル 4 階
　　　　　　　　　　　　　　　　　　　　　　☎ 03-3268-3470

落丁本・乱丁本はお取替します。　　　　　ISBN978-4-654-07637-6
Ⓒ T.Suzuki,H.Sato,C.Araki,H.Endo 2015,Printed in Japan

これだけは知っておきたい介護の禁句・介護の名句
星野政明・増田樹郎編著　　　　　　　　　　　　　　四六・214頁　1600円

高齢者や障害者を介護する現場において，使われがちな専門職の方々による不適切な言葉かけ（禁句）の事例を挙げ，利用者との信頼関係をつくる適切な言葉かけ（名句）の例を紹介。

痴呆のお年寄りの音楽療法・回想法・レク・体操
CD付：車イスの人も一緒にできる体操
田中和代著　　　　　　　　　　　　　　　　　　　　B5・79頁　2600円

音楽療法，回想法，レク，体操を使った援助方法を，実践例を交えわかりやすく紹介。リハビリ体操，タオル体操は音声ガイド入りCDですぐに実践。

誰でもできる回想法の実践
痴呆の人のQOL（クオリティ・オブ・ライフ）を高めるために
田中和代著　　　　　　　　　　　　　　　　　　　　B5・95頁　2000円

専門家でなくても家庭や施設などでできる回想法を，目的，手順，留意点，回想するテーマ，会話の展開例等，順を追ってわかりやすく紹介。

摂食・嚥下リハビリカルタで楽しく遊ぼう
藤島一郎監修　青木智恵子著　　　　　　　　　　　　B5・103頁　2450円

カルタを楽しみながら，摂食・嚥下の基礎知識，リハビリの知識を得ることができる。読み札には，わかりやすい解説付き。絵札は，コピーしてぬり絵として，また，施設内で掲示する標語や啓発ポスターとしても活用可能。

特装版　Dr・歯科医師・Ns・ST・PT・OT・PHN・管理栄養士
みんなで考えた高齢者の楽しい摂食・嚥下リハビリ&レク
藤島一郎監修　青木智恵子著　　　　　　　　　　　　B5上製・130頁　3800円

摂食・嚥下の基礎知識，障害予防，医学的根拠をもつリハビリやレクを楽しいイラストを交え，やさしく紹介。「摂食・嚥下カルタ」付き。

Dr・歯科医師・Ns・PT・OT・ST・PHN・介護福祉士
みんなで考えた高齢者の楽しい介護予防体操&レク
藤島一郎監修　青木智恵子著　　　　　　　　　　　　B5・135頁　2600円

介護予防の基礎知識から，簡単にできる体力・えん下テスト，専門職のアドバイスに基づく転倒予防・えん下障害予防の運動・体操・レク&ゲームまで。

シニアのための脳を若返らせるトレーニングクイズ276
グループこんぺいと編著　　　　　　　　　　　　　　B5・78頁　1700円

脳を活性化させるクイズや計算，たどり絵やぬり絵など，思わず楽しく頭を使う問題ばかり276問収録。脳を効果的に刺激することで，脳への血流を高め，脳を活性化し，老化を予防し，若返らせましょう。

表示価格は本体価格です。別途消費税がかかります。

■ホームページでは，新刊案内など，小社刊行物の詳細な情報を提供しております。「総合目録」もダウンロードできます。http://www.reimei-shobo.com/